中国国家汉办规划教材

体验汉语系列教材

体验汉语
Experiencing Chinese

商务篇
Business Communication in China

练习册
Workbook

顾　问　刘　珣
总策划　刘　援
编　者　李青　高莹
　　　　李扬

高等教育出版社
Higher Education Press

《体验汉语®》立体化系列教材

教材规划委员会

许 琳	曹国兴	刘 辉	刘志鹏
马箭飞	宋永波	邱立国	刘 援

短期课程系列

《体验汉语®·商务篇练习册》（附CD）

顾 问	刘 珣
总 策 划	刘 援
编 者	李 青 高 莹 李 扬
中文审订	张 红

策 划	徐群森
责任编辑	鞠 慧
版式设计	刘 艳
插图选配	李晓鹏
封面设计	周 末
责任校对	鞠 慧 李佳琳 李晓鹏
责任印制	毛斯璐

亲爱的老师：

欢迎使用《体验汉语·商务篇》（60~80课时）及《体验汉语·商务篇练习册》。

《体验汉语·商务篇》（60~80课时）是专为已经完成了大约160学时的基础汉语学习、并能用汉语进行日常交际的汉语学习者编写的商务汉语教材。该教材将商务汉语学习与基础汉语教学相衔接，针对商务人员的需要，以实用的商务交际任务为主线，通过各种互动性较强的训练培养学习者用汉语进行商务交际的能力。

本书是为《体验汉语·商务篇》（60~80课时）编写的配套练习册，秉承了教材的体验式教学理念和任务型教学模式，按照教材每单元的学习目标和内容，设计了内容丰富、形式多样的练习和活动，使《体验汉语·商务篇》（60~80课时）的教学具有更大的灵活性。

编写特色

1. 将商务知识练习与言语技能练习有机地结合，在扩展商务知识的同时巩固言语技能。
2. 练习编排充分体现任务型教学的特点，安排了许多实践性强的商务情景练习和商务案例分析，目的是激发学习者的学习兴趣，提高教学效率，增加学习者运用相关的知识和技能进行商务实践的机会；同时培养学习者的团队意识，加强团队合作精神。
3. 体现"体验式"的教学理念，用图片、表格、补充附录等形式真实地呈现了学习者所要学习的商务工作内容。同时，强调引导学习者体验中国的商务文化，感受文化对比，提高学习者对不同商务文化的认识。
4. 听说读写全方位练习，做到集中强化。

编写体例

本练习册大体分为课堂活动和课后练习两部分内容。

课堂活动

包含热身、词语和句型练习及口语练习等板块。

热身

此部分主要以商务文化为线索，提供一些与本单元内容有关的商务话题引导学习者进行讨论，活跃课堂气氛。

词语和句型练习

此部分针对本单元的商务词语和句型提供互动式的游戏及练习，帮助学习者轻松地记忆词语和句型。

口语练习

此部分提供与本单元相关的各种商务话题任务，并且强调用小组活动的方式完成，培养学习者团队合作的精神。

课后练习

包含听力练习、词语和句型练习、阅读练习和商务实践等几个板块。

听力练习

此部分是《体验汉语·商务篇》听力部分的补充练习，旨在充分训练学习者的听力技能。同时，辅以填空、听写等练习形式，训练学习者的书写技能。

词语和句型练习

此部分为学习者提供课下练习词语和句型的机会，将语音、语义、语法、语用相结合，题型多样，帮助学习者反复操练，加深记忆。

阅读练习

此部分是《体验汉语·商务篇》阅读的补充，在巩固课本阅读的同时补充了相关的商务知识和商务词语，旨在扩大学习者的知识面，提高学习者的阅读能力。阅读内容选取有争辩性的话题和案例等，目的是为了激发学习者的兴趣，训练学习者的思辩能力，提高学习者的商务意识。

实践时间

此部分旨在引导学习者将汉语学习和实际应用相结合，通过小组讨论、调查等方式完成商务任务；一般要求学习者有书面的结论或报告。

使用建议

- 建议每课练习在1~2个课时内完成。具体操作时，任课教师可以根据教学情况灵活调整。
- "课堂活动"部分建议穿插在课文讲解中进行。"课后练习"部分以学习者课下自主练习、实践为主。其中，"阅读练习"的问题讨论、"实践时间"的展示和评讲部分需要课堂完成。其他部分练习学习者可以参考答案自测，也可安排学习者集中提问，教师集中讲解。
- "课前热身"部分建议在上课开始时用来活跃课堂气氛，引起学习者的注意，激起学习者的学习兴趣。任课教师可以引导学习者分组讨论或者自由发言，最后简要进行总结，引入本课话题。
- 口语练习以课堂练习为主。任课教师可以提前布置，让学习者课下准备，教师提供必要的指导。学习者课上表达展示，以便教师检查。也可在课上留出适当的时间由学习者分组准备，然后表演。
- "课后练习"的"实践时间"部分建议任课教师提前将其作为课后作业布置下去，要求学习者课下完成，并提交书面报告。

《体验汉语·商务篇》的作者北京外国语大学的张红老师在教材的体例设计和练习编排方面提出很多建设性的建议，并在百忙之中抽出时间审看了全稿，指出了书稿中存在的纰漏，在此深表感谢。北京语言大学的Danny老师对本书的英文进行了细致的润色加工，使本书的英文更加自然、流畅，在此也向他深表谢意。同时感谢高等教育出版社的编辑在教材策划、版式设计、插图绘制方面所做的细致工作。

希望本书能为教师和学习者提供更多的选择，为教师备课提供便利，为学习者巩固所学知识提供更多的练习。恳切希望您对本书提出宝贵的意见和建议，以使其不断完善。

编者

2007年9月24日

目录 CONTENTS

课堂活动

一、热身活动——和同伴讨论一下，初次见面时，哪些行为会给中国的合作伙伴留下很好的第一印象？ Warm-up—Please discuss with your group members. Which behaviors will leave your Chinese partners a good impression when meeting for the first time?

☐ 很快记住对方的名字 (hěn kuài jìzhu duìfāng de míngzi)

☐ 和对方近距离地交谈 (hé duìfāng jìn jùlí de jiāotán)

☐ 亲吻对方的脸颊 (qīnwěn duìfāng de liǎnjiá)

☐ 询问对方的收入状况 (xúnwèn duìfāng de shōurù zhuàngkuàng)

☐ 穿着得体、整洁 (chuānzhuó détǐ, zhěngjié)

☐ 询问对方的年龄 (xúnwèn duìfāng de niánlíng)

☐ 及时给对方自己的名片 (jíshí gěi duìfāng zìjǐ de míngpiàn)

☐ 握手 (wò shǒu)

☐ 拥抱对方 (yōngbào duìfāng)

二、你能说出以下品牌的中文名称吗？小组比赛，看哪个组知道的多。Do you know Chinese names of the following brands? Compete in groups, and see which group knows more.

三、词语搭配游戏。Word match.

规则：每人各拿一张卡片，请一名同学读出手中的词，抽到搭配的同学马上读出相应的词语。

Every student is given a card. One of them reads out the word on his/her card, and then the student who has the matching card immediately reads the corresponding word.

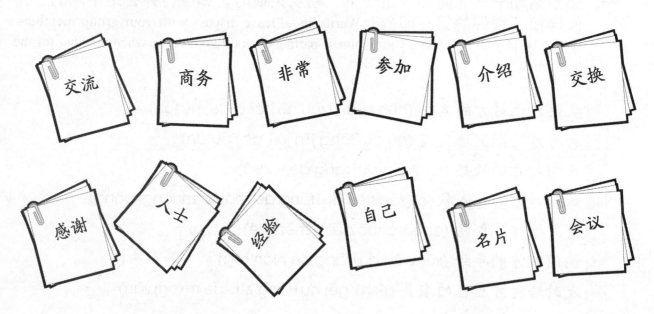

四、两人一组，完成对话。Work in pairs, and complete the following dialogues.

1. A：您好！我是阿迪达斯公司的玛丽。认识您很高兴。

   B：_____！_____。_____。

2. A：你好！我叫马波，是新来的。

   B：_____！_____，是_____部的。欢迎你。

3. A：有什么要帮忙的吗？

　　B：不用了，_____！

五、用"如果……就"来描述图片。Please describe the pictures with 如果……就.

1. 如果明天不上课，我就_____。

  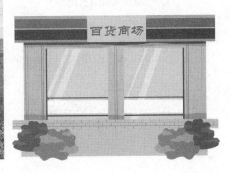

2. 如果明天下雨，我就_____。

六、角色扮演。Role Play.

　　你是某公司办公室主任，今天公司来了一名新员工，需要你向他介绍公司各部门的几位员工（由其他同学扮演）。Suppose you are the office director of a company, and you need to introduce several staff members of different departments (played by other students) to a new staff who is just beginning work today.

部门	职位	职员名字
财务部 General Accounting Department		
人力资源部 Human Resources Department		
研发部 Research and Development Department (R&D)		
销售部 Sales Department		
广告部 Advertising Department		

课后练习

一、听录音，回答问题。Listen to the recording and answer the questions.

1. 根据对话，判断正误。True (√) or False (×)?

(1) 王总是鹏达公司的总经理。 （　　　）

(2) 林杰和李强在一个公司工作。 （　　　）

(3) 王总和李强不是第一次见面。 （　　　）

(4) 林杰和李强都给了王总名片。 （　　　）

2. 你觉得这段对话可能发生在王总的公司还是林杰的公司？为什么？
Where is this dialogue probably held, in Manager Wang's company or Lin Jie's company? Why?

3. 根据对话的内容和你知道的情况，请说说和中国人交换名片的时候应该注意什么？这些和你们国家的习惯一样吗？According to the dialogue and what you've learned, what do you think needs to be paid attention to when exchanging business cards with Chinese? Is it the same as that in your country?

二、听录音，写拼音。Listen to the recording and write down the Pinyin.

| 初次 | 职位 | 记者 | 店长 | 工程师 |

| 商务人士 | 交流 | 经理 | 广告部 | 人力资源 |

三、连接词语和相应的意思。Match the following words with their meanings.

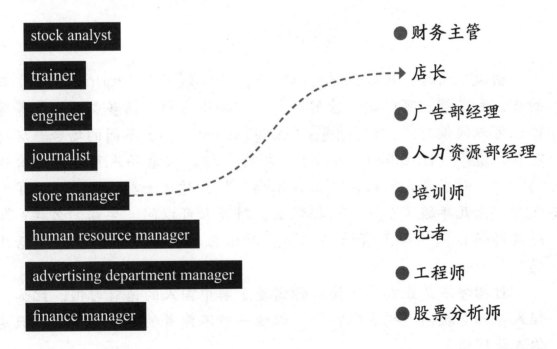

stock analyst

trainer

engineer

journalist

store manager

human resource manager

advertising department manager

finance manager

● 财务主管
→ 店长
● 广告部经理
● 人力资源部经理
● 培训师
● 记者
● 工程师
● 股票分析师

四、听录音，熟读下列句子。Listen to the recording and practice reading the following sentences until you can say them fluently.

1. 我是李明，在IBM公司工作。

2. 很高兴认识你。

3. 大家好！

4. 非常感谢！

5. 如果有什么要帮忙的，尽管告诉我。

五、连句子，组成对话。Make dialogues by matching the sentences on the right side to the ones on the left.

我是从日本来的三道明，请多关照。　　好的，谢谢。

很高兴认识你，我在人力资源部。　　我是从西班牙来的李客，请多关照。

有什么要帮忙的，尽管告诉我。　　我也很高兴认识你，我在财务部。

六、阅读短文，回答问题。Read the text and answer the questions.

与中国人打招呼

初次见面时，几句合适的招呼语，可以增进（zēngjìn, enhance）双方的友谊和了解。可以说"你好！"、"初次见面，请多关照！"等等。你也可以问候对方，但要根据（gēnjù, according to）不同的场合、环境和对象。比如（bǐrú, for example），根据年龄，对老年人可以问"身体好吗？"，对成年人可以问"工作忙吗？"，对孩子要问："几岁了？"或者"上几年级了？"。根据职业，对商人可以问"生意怎么样？"，对老师可以问"今天有课吗？"，对出租车司机可以问"今天活儿多吗？"等等。

打招呼不是正式的交谈，你需要了解中国人的语言习惯。比如，中国人见面喜欢问"吃了吗？"，但他一般不是真的要请你吃饭，只是向你表示问候。

Resources from: http://www.gy16.com

Yǔ Zhōngguórén dǎ zhāohu

Chūcì jiān miàn shí, jǐ jù héshì de zhāohuyǔ, kěyǐ zēngjìn shuāngfāng de yǒuyì hé liǎojiě. Kěyǐ shuō "nǐ hǎo!", "chūcì jiān miàn, qǐng duō guānzhào!" děngděng. Nǐ yě kěyǐ wènhòu duìfāng, dàn yào gēnjù bùtóng de chǎnghé, huánjìng hé duìxiàng. Bǐrú, gēnjù niánlíng, duì lǎoniánrén kěyǐ wèn: "shēntǐ hǎo ma?", duì chéngniánrén kěyǐ wèn "gōngzuò máng ma?", duì háizi yào wèn: "jǐ suì le?" huòzhě "shàng jǐ niánjí le?". Gēnjù zhíyè, duì shāngrén kěyǐ wèn "shēngyì zěnmeyàng?", duì lǎoshī kěyǐ wèn "jīntiān yǒu kè ma?", duì chūzūchē sījī kěyǐ wèn "jīntiān huór duō ma?" děngděng.

Dǎ zhāohu bú shì zhēngshì de jiāotán, nǐ xūyào liǎojiě Zhōngguórén de yǔyán xíguàn. Bǐrú, Zhōngguórén jiàn miàn xǐhuan wèn "chī le ma?", dàn tā yìbān bú shì zhēnde yào qǐng nǐ chī fàn, zhǐshì xiǎng nǐ biǎoshì wènhòu.

1. 与中国人初次见面时，你可以怎样与对方打招呼？How do you greet Chinese when you meet them for the first time?

2. 根据短文内容完成表格。Fill in the form according to the text.

年龄	合适的招呼语	职业	合适的招呼语
老年人		商人	
成年人		老师	
小孩子		出租车司机	

3. 与中国人打招呼的时候应该注意什么？What do you need to pay attention to when greeting Chinese?

第一**印象**（yìnxiàng, impression）

第一印象是在初次见面时留给别人的印象，它往往可以决定今后的发展关系。因此，第一印象可能影响我们的命运。那么怎样才能给别人留下好的第一印象呢？

第一，**自信**（zìxìn, self-confidence）是最基本的。给对方充满自信的

8

感觉，对方才会肯定你、信任（xìnrèn, trust）你。

第二，表示你对别人的关心和尊重。不管对方是谁，试着真诚地向他问候。

第三，给人以成功人士的印象。试着像成功人士一样展现快乐健康的微笑，注意穿着的职业化，遇到别人时正视对方的眼睛。

第四，搜集（sōují, collect）对方的有效信息。提前了解对方的爱好、家庭情况、宗教信仰（zōngjiào xìnyǎng, religion）等信息，想想见面时的话题。

Resource from: http://www.fefans.com

Dìyī yìnxiàng

Dìyī yìnxiàng shì zài chūcì jiàn miàn shí liúgěi biérén de yìnxiàng, tā wǎngwǎng kěyǐ juédìng jīnhòu de fāzhǎn guānxi. Yīncǐ, dìyī yìnxiàng kěnéng yǐngxiǎng wǒmen de mìngyùn. Nàme zěnyàng cái néng gěi biérén liúxià liánghǎo de dìyī yìnxiàng ne?

Dìyī, zìxìn shì zuì jīběn de. Gěi duìfāng chōngmǎn zìxìn de gǎnjué, duìfāng cái huì kěndìng nǐ, xìnrèn nǐ.

Dì'èr, biǎoshì nǐ duì biérén de guānxīn hé zūnzhòng. Bùguǎn duìfāng shì shéi, shì zhe zhēnchéng de xiàng tā wènhòu.

Dìsān, gěi rén yǐ chénggōng rénshì de yìnxiàng. Shì zhe xiàng chénggōng rénshì yíyàng zhǎnxiàn kuàilè jiànkāng de wēixiào, zhùyì chuānzhuó de zhíyèhuà, yùdào biérén shí zhèngshì duìfāng de yǎnjing.

Dìsì, sōují duìfāng de yǒuxiào xìnxī. Tíqián liǎojiě duìfāng de àihào, jiātíng qíngkuàng, zōngjiào xìnyǎng děng xìnxī, xiǎng xiǎng jiàn miàn shí de huàtí.

1. 什么是"第一印象"？ What is the meaning of "first impression"?

_____

_____

2. 为了给别人留下良好的第一印象，最基本的条件是什么？为什么？
How can you make a good impression on other when meeting for the first time? Why?

_____

_____

3. 怎样才能给别人留下"成功人士"的印象？你心中的成功人士是什么样的？ How to give other people an impression of a "successful man"? What is a successful man like in your mind?

_____

_____

_____

七、实践时间——制作名片。Practice time—Make a name card.

☀实践时间

请你为自己设计并制作一张名片，名片内容应包括姓名、单位、职位、地址、邮编、电话、传真、网址等。Please design a name card for yourself. Your name card should include your name, company, position, address, postal code, telephone number, fax number, website, etc.

课堂活动

一、热身活动——和同伴讨论一下，如果你是员工，你喜欢什么样的上司？
Warm-up—Please discuss with your group members. If you were a staff member, what kind of boss would you like?

☐ 不批评员工 (bù pīpíng yuángōng)

☐ 经常安排加班 (jīngcháng ānpái jiā bān)

☐ 关注员工工作的细节 (guānzhù yuángōng gōngzuò de xìjié)

☐ 经常组织团队活动 (jīngcháng zǔzhī tuánduì huódòng)

☐ 对员工的着装严格要求 (duì yuángōng de zhuōzhuāng yángé yāoqiú)

☐ 只给少数员工高工资 (zhǐ gěi shǎoshù yuángōng gāo gōngzī)

☐ 关心员工的生活 (guānxīn yuángōng de shēnghuó)

☐ 经常听员工的意见 (jīngcháng tīng yuángōng de yìjiàn)

☐ 更喜欢男/女员工 (gèng xǐhuan nán/nǚ yuángōng)

☐ 说话方式直接 (shuō huā fāngshì zhíjiē)

☐ 对他/她的上司绝对服从 (duì tā de shàngsi juéduì fúcóng)

☐ 对具体的业务很熟悉 (duì jùtǐ de yèwù hěn shúxī)

二、你能用中文说出多少个公司部门？小组比赛，看哪个组说的多。How many departments of a company can you name in Chinese? Compete in groups, and see which group knows more.

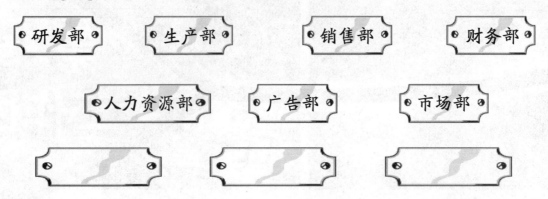

研发部　　生产部　　销售部　　财务部

人力资源部　　广告部　　市场部

三、词语搭配游戏。Word match.

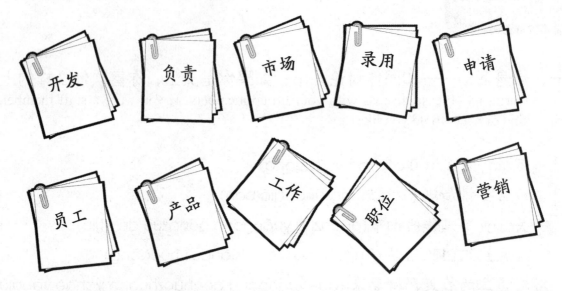

开发　负责　市场　录用　申请

员工　产品　工作　职位　营销

四、下图是何西的公司组织结构，两人一组，介绍他们公司的组织结构。The picture below is the organizational structure of He Xi's company. Work in pairs and talk about the company's organizational structure.

何西的公司

研发部　生产部　财务部　服务部

何西的公司有＿＿＿＿部门：一个是……，一个是……，一个是……，还有一个是……。

五、完成对话。Complete the following dialogues.

1. A：您好！我是天马公司的研发部经
理刘明，我＿＿＿＿＿＿＿＿公司的
研发工作。

B：＿＿＿＿＿＿＿＿＿＿！我是本田公
司的＿＿＿＿＿经理，我负责公司产
品的销售工作。

2. A：请谈谈你的情况吧。

B：我2002年＿＿＿＿＿＿＿北京外
国语大学＿＿＿＿＿＿＿＿，
一家＿＿＿＿＿＿＿＿工作。

A：你为什么＿＿＿＿＿＿＿＿这个
职位呢？

B：＿＿＿＿＿＿＿＿＿＿我有很多
年的＿＿＿＿＿＿。

六、用"马上就"描述图片。Describe the following pictures using 马上就.

我马上就＿＿＿＿＿＿。　　　　　我马上就＿＿＿＿＿＿。

我马上就_____。　　　　　我马上就_____。

七、小游戏。Game.

规则：学生分为两组，老师问一个"为什么"的问题，学生一个接一个
快速用"因为"回答问题，哪组说的"因为"多，哪组获胜。
Students are divided into two groups. The teacher asks a question beginning with
为什么, and then each student, in turn, quickly answers the question with 因为.
The group which answers more questions with 因为 wins.

例：你为什么来中国？
因为我想学汉语。

八、角色扮演。Role play.

1. 两人一组，模拟招聘场景。Work in pairs and mimic a job interview.
招聘职位 Positions offered
松下电器公司研发部经理助理 Manager assistant of the R&D Department of
Panasonic Corporation
丰田汽车公司市场营销部经理 Manager of the Marketing Department of
Toyota Corporation
三星公司生产管理部经理 Manager of the Production Management Department
of Samsung Corporation
LG公司人力资源部副经理 Vice manager of the HR Department of LG
Corporation

招聘者可能会问的问题：
(1) 请简单介绍一下你的情况（教育背景、工作经历）。
(2) 你喜欢什么样的工作？
(3) 你为什么申请这个职位？
(4) 你愿不愿意经常加班、出差？
(5) 你最大的优点是什么？
(6) 你对薪水的期望是多少？
(7) 你有什么业余爱好？
(8) 你对公司有什么问题要问？

应聘者可能会问的问题：
(1) 这个职位主要做哪些具体的工作？
(2) 您能简单介绍一下与我合作的人吗？
(3) 公司给不给员工提供培训机会？
(4) 公司给员工提供的升职空间有多大？
(5) 这个职位的工资水平大概是多少？
(6) 我什么时候能得到面试结果？

2. A在网上看到一家公司的招聘广告，很感兴趣，想去那里工作，打电话询问B有关该职位的情况。A saw a recruitment advertisement online. He/she is very interested and wants to work there. He then calls B to ask for the relevant information of the position offered.

招 聘

招聘单位：北京蓝天科技有限公司
招聘职位：外籍外贸业务员
职位要求：(1) 大学本科学历。
　　　　　(2) 汉语听说读写能力优秀，HSK八级以上，熟悉外贸函电及进出口贸易。
　　　　　(3) 有良好的沟通能力及团队协作能力。
联系方式：010—88810610

函电： The letters between trading partners due to business, including paper letters, fax, email, etc.
提示： 外贸业务员的职责是为公司产品开拓国外市场，寻找客户，进行谈判，签订合同。

The task of a foreign trade operator is to expand oversea markets, look for clients, conduct negotiations, and sign contracts for his company.

课后练习

一、听录音，回答问题。Listen to the recording and answer the questions.

1. 他在做什么？ What is he doing?

A. 和朋友说话　　B. 给经理打电话　　C. 参加面试

2. 再听一遍录音，根据录音内容填空。Listen to the recording again and fill in the blanks according to what you've heard.

姓名	许小峰
学习经历	_____年，大学毕业。
	_____年，成为MBA。
工作经验	在一家进出口公司工作____年，负责_____工作。
	从2002年开始，在一家_____公司工作了____年。
申请职位	市场营销部_____

3. 他要求每年的收入是_____元。He asks for an income of _____ yuan per year.

A. 120000　　B. 200000　　C. 100000

4. 你觉得他要求的数字合适吗？为什么？Do you think his demand is appropriate? Why?

二、听录音，写拼音。Listen to the recording and write down the Pinyin.

员工　　负责　　营销　　管理

产品　　申请　　市场　　销售

三、连接词语和相应的意思。Match the following words with their meanings.

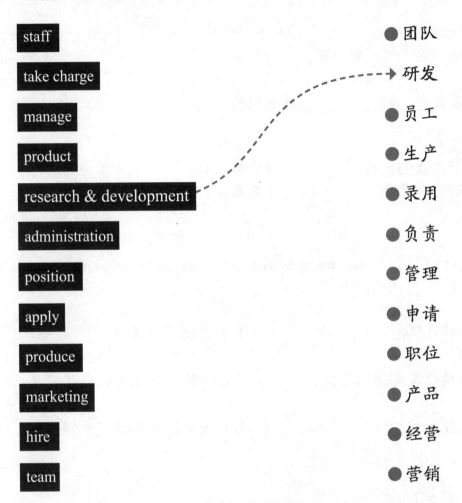

staff	● 团队
take charge	→ 研发
manage	● 员工
product	● 生产
research & development	● 录用
administration	● 负责
position	● 管理
apply	● 申请
produce	● 职位
marketing	● 产品
hire	● 经营
team	● 营销

四、听录音，熟读下列句子。Listen to the recording and practice reading the following sentences until you can say them fluently.

1. 请谈谈你的情况吧。

2. 我从北京大学毕业，在一个电脑公司工作了三年。

3. 你为什么申请营销部经理职位？

4. 因为我有很多年的市场营销经验。

5. 天马公司的总经理全面负责公司的经营工作。

五、选词填空。Fill in the blanks with the words given.

1. 如果　就
   (1) ＿＿＿＿＿＿我们录用你，你什么时候能上班？

17

(2) 我马上＿＿＿＿＿＿＿可以工作。

2. 能　可以
(1) 他很＿＿＿＿＿＿＿喝可乐。
(2) 他＿＿＿＿＿＿＿喝可乐。
(3) 马波打她，她＿＿＿＿＿＿＿愿意吗？

3. 录用　负责
(1) 李平在我们公司＿＿＿＿＿＿＿财务部工作。
(2) 我们公司这个月＿＿＿＿＿＿＿了几名新员工。

六、连句子，组成对话。Make dialogues by matching the sentences on the right side to the ones on the left.

请谈谈你的情况吧。　　　　　　　　下个月就可以工作。

你为什么申请研发部经理职位？　　　我在一家广告公司工作了三年。

你什么时候能上班？　　　　　　　　因为我有很多年的研发经验。

七、阅读短文，回答问题。Read the text and answer the questions.

没有完美（wánměi, perfect）的个人，只有完美的团队

　　有一次，释迦牟尼（Shìjiāmóuní, Sakyamuni）问他的学生："一滴水怎样才能不干涸（gānhé, dry up）？"学生们都无法回答。释迦牟尼说："把它放到大海里去。"个人再完美，也就是一滴水，而一个优秀的团队就是大海。一个有高度竞争力的企业，不但要有完美的个人，更要有完美的团队。

　　诺基亚是移动通信（yídòng tōngxìn, mobile communications）行业的旗舰（qíjiàn, flagship）公司。在诺基亚，一个经理就是一个教练（jiàoliàn, coach）。他要知道怎样培训员工来帮助他们做得更好，不是"叫"他们做事情，而是"教"他们做事情。经理在教他的工作伙伴做事情时，要设计合理的团队结构，让每个人的能力得到发挥。

在激烈的市场竞争中，诺基亚从1998年起就位居全球手机销售龙头（lóngtóu, leader），目前占有全球1/3的市场份额（fèn'é, share）。诺基亚在中国的投资超过17亿美元，建立了8个合资企业（hézī qǐyè, joint venture）和2个研发中心，拥有员工超过5500人。这些成功都得益于（déyìyú, owe to）诺基亚公司的团队精神。

Resource from: http://book.sina.com.cn

Méiyǒu wánměi de gèrén, zhǐyǒu wánměi de tuánduì

Yǒu yí cì, Shìjiāmóuní wèn tā de xuésheng: Yì dī shuǐ zěnyàng cái néng bù gānhé? Xuéshengmen dōu wú fǎ huídá. Shìjiāmóuní shuō: Bǎ tā fàng dào dàhǎi lǐ qù. Gèrén zài wánměi, yě jiùshì yì dī shuǐ, ér yí ge yōuxiù de tuánduì jiùshi dàhǎi. Yíge yǒu gāodù jìngzhēnglì de qǐyè, búdān yào yǒu wánměi de gèrén, gèng yào yǒu wánměi de tuánduì.

Nuòjīyà shì yí dòng tōngxìn hángyè de qíjiān gōngsī. Zài Nuòjīyà, yí ge jīnglǐ jiùshì yí ge jiàoliàn. Tā yào zhīdao zěnyàng péixùn yuángōng lái bāngzhù tāmen zuò de gèng hǎo, bú shì "jiāo" tāmen zuò shìqing, érshì "jiāo" tāmen zuò shìqing. Jīnglǐ zài jiāo tā de gōngzuò huǒbàn zuò shìqing shí, yào shèjì hélǐ de tuánduì jiégòu, ràng měi gè rén de nénglì dédào fāhuī.

Zài jīliè de shìchǎng jìngzhēng zhōng, Nuòjīyà cóng 1988 nián qǐ jiù wèijū quánqiú shǒujī xiāoshōu lóngtóu, mùqián zhànyǒu quánqiú 1/3 de shìchǎng fèn'é. Nuòjīyà zài Zhōngguó de tóuzī chāoguò 17 yì měiyuán, jiànlì le bā gè hézī qǐyè hé liǎng gè yánfā zhōngxīn, yōngyǒu yuángōng chāoguò 5500 rén. Zhèxiē chénggōng dōu déyìyú Nuòjīyà gōngsī de tuánduì jīngshén.

1. 释迦牟尼的故事说明了什么？What's the implication of the story of Sakyamuni?

2. 为什么说在诺基亚公司"经理是教练"？ Why are managers called "coaches" in Nokia?

3. 诺基亚在全球市场和中国市场的经营情况怎么样？ What is the state of Nokia's business operation in the global market and Chinese market?

4. 你觉得什么是"团队精神"？它对公司的发展有什么作用？ What is "team spirit" in your opinion? What role does "team spirit" play in a company's development?

面试时应该注意什么?

　　面试是求职过程中最重要的阶段。下面几点会帮助你获得面试的成功。

　　多带几份简历，也把所有的证明材料带上，如推荐信（tuījiànxìn, recommendation）、毕业证书、技能证书（jìnéng zhèngshū, skill certificate）等。许多主管人员都希望在面试时了解一下求职的人在这方面的情况。

　　面试的最初和最后的五分钟是最重要的，将决定你留给人的印象。所以，最初的五分钟里应该主动沟通，而离开的时候，要确定你已经被记住了。面试过程中，要展示自己所有的优势（yōushì, advantage），包括你的技术资格、一般能力和性格优点。同时，表现你勤奋（qínfèn, diligent）工作、追求团体目标的能力。多介绍你过去的成绩，因为这是对你未来成绩最好的保证。

　　面试的最后，问几个和工作、雇主（gùzhǔ, employer）有关的问题。这样能够获取有效信息，并表达你对工作的兴趣和热情。

　　面试结束后，一定要记下面试时和你交谈的人的名字和职位。一周之内，给面试者写一封感谢信。

Resource from: http://zhidao.baidu.com

Miànshì shí yīnggāi zhùyì shénme?

　　Miànshì shì qiúzhí guòchéng zhōng zuì zhòngyào de jiēduàn. Xiàmiàn jǐ diǎn huì bāngzhù nǐ huòdé miànshì de chénggōng.

　　Duō dài jǐ fèn jiǎnlì, yě bǎ suǒyǒu de zhèngmíng cáiliào dàishàng, rú tuījiànxìn, bìyè zhèngshū, jìnéng zhèngshū děng. Xǔduō zhǔguǎn rényuán dōu xīwàng zài miànshì shí liǎojiě yíxià qiúzhí de rén zài zhè fāngmiàn de qíngkuāng.

　　Miànshì de zuìchū hé zuìhòu de wǔ fēnzhōng shì zuì zhòngyào de, jiāng juédìng nǐ liúgěi rén de yìnxiàng. Suǒyǐ, zuìchū de wǔ fēnzhōng lǐ yīnggāi zhǔdòng gōutōng, ér líkāi de shíhou, yào quèdìng nǐ yǐjīng bèi jìzhù le. Miànshì guòchéng zhōng, yào zhǎnshì zìjǐ suǒyǒu de yōushì, bāokuò nǐ de jìshù zīgé, yìbān nénglì hé xìnggé yōudiǎn. Tóngshí, biǎoxiān nǐ qínfèn gōngzuò, zhuīqiú tuántǐ mùbiāo de nénglì. Duō jièshào nǐ guòqù de chéngjì, yīnwèi zhè shì duì nǐ wèilái chéngjì zuì hǎo de bǎozhèng.

Miànshì de zuìhòu, wèn jǐ gè hé gōngzuò, gùzhǔ yǒuguān de wèntí. Zhèyàng nénggòu huòqǔ yǒuxiào xìnxī, bìng biǎodá nǐ duì gōngzuò de xìngqù hé rèqíng.

Miànshì jiéshù hòu, yídìng yào jìxia miànshì shí hé nǐ jiāotán de rén de míngzi hé zhíwèi. Yì zhōu zhīnèi, gěi miànshìzhě xiě yì fēng gǎnxièxìn.

1. 去面试时，应该带上哪些东西？ What do you need to take along when going to an interview?

_____

_____

2. 在面试过程中，应该怎么表现自己？ How to present yourself during an interview?

_____

_____

_____

3. 面试结束后，应该做些什么事？ What should be done after an interview?

_____

_____

八、实践时间。Practice time.
假设你是某公司人力资源部经理，请按下图的提示准备在企业宣讲会上介绍公司组织结构的发言稿。

Suppose you are the manager of an HR department of a company. Acording to the picture below, prepare a speech to introduce the organizational structure of your company at your company's recruitment meeting.

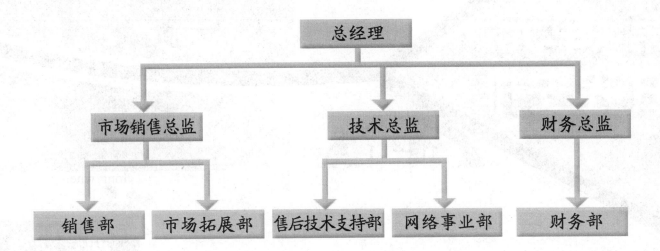

第3单元
日程安排

课堂活动

一、热身活动——和同伴讨论一下，你认为下面哪种日程安排最合理？你的日常工作安排是怎样的？ Warm-up—Please discuss with your group members. Which schedule below do you think is the most appropriate? What is your schedule in your daily life?

1.   8：00 上班 (shàng bān)

  9：00 给客户打电话 (gěi kèhù dǎ diàn huà)

10：00 开会 (kāi huì)

12：00 吃午饭 (chī wǔfàn)

14：00 上班 (shàng bān)

15：00 参加商务活动 (cānjiā shāngwù huódòng)

17：00 吃晚饭 (chī wǎnfàn)

19：00 加班 (jiā bān)

22：00 回家休息 (huí jiā xiūxi)

2. 10：00 上班 (shàng bān)

11：00 与员工交流 (yǔ yuángōng jiāoliú)

12：00 吃午饭 (chī wǔfàn)

15：00 休息 (xiūxi)

17：00 和客户吃饭 (hé kèhù chī fàn)

18：00 下班 (xià bān)

22：00 吃晚饭 (chī wǎnfàn)

3. 13：00 上班 (shàng bān)

14：00 设计产品 (shèjì chǎnpǐn)

18：00 吃晚饭 (chī wǎnfàn)

19：00 加班 (jiā bān)

22：00 吃夜宵 (chī yèxiāo)

24：00 下班 (xià bān)

二、猜词游戏。Word guess.

规则：请一名同学按照老师手中卡片描述词语意思，其他同学不看卡片猜词，看哪组猜的又快又准确。

A student describes the meaning of the word on one card in the teacher's hand. The other students guess the word without looking at the card. See which group gets the correct answer the quickest.

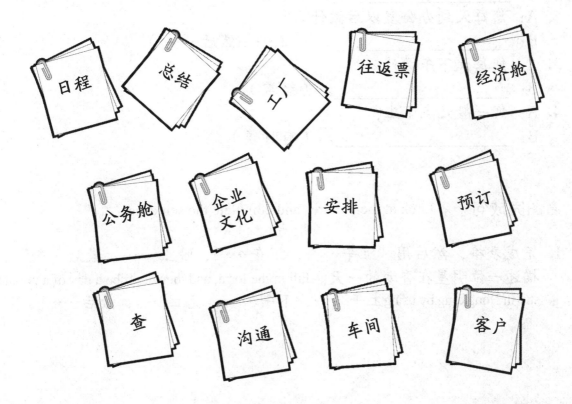

三、词语搭配游戏。Word match.

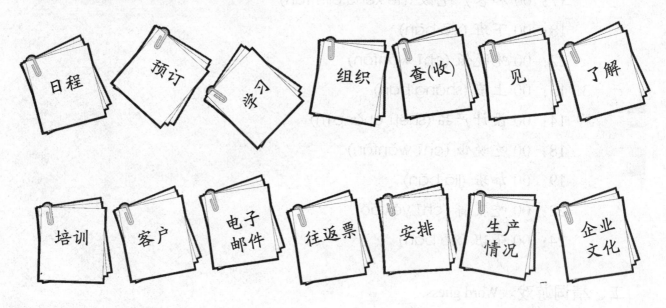

四、用括号里的词或短语完成对话。Complete the dialogues with the words or phrases in the brackets.

1. A：您每天几点到公司？

B：＿＿＿＿＿＿＿＿＿＿＿。（一般）

2. A：您每天到办公室以后做什么？

B：＿＿＿＿＿＿＿＿＿＿＿。（先……然后……）

3. A：您每天下午做什么？

B：＿＿＿＿＿＿＿＿＿＿＿。（经常）

4. A：您一般几点下班？

B：＿＿＿＿＿＿＿＿＿＿＿。（有时候）

五、看图完成句子。Look at the pictures and complete the sentences.

1. 完成表格，然后用"上午……，下午……，晚上……，最后……"，描述一位明星在香港的一天。Fill in the form, and then describe a day of a popular star in Hongkong by using 上午……，下午……，晚上……，最后……。

_____点	坐飞机到_____
_____点	召开_____招待会
_____点	_____
_____点	参加_____

2. 分组，帮王刚预订机票。Divide into groups and help Wang Gang book air tickets.

北京 ⟶ 东京　　6月24号
上海 ⟷ 马德里　11月1号出发，11月4号返回
纽约 ⟵ 罗马　　7月14号

A：您好，这是国航机票订票处。
B：我要预订_____的机票。
A：没有问题，请问是订往返票吗？
B：_____。
A：您订经济舱还是公务舱？
B：_____。
A：上午8点起飞可以吗？
B：_____。

六、两人一组，询问并记录对方昨天的活动。Work in pairs and ask each other's activities yesterday and then take notes.

时间	活动

七、讨论。Discussion.

你觉得你的中国朋友的时间观念强吗？在哪些事情中表现出来的（比如开会、用餐、商务谈判）？

Do you think your Chinese friends use time efficiently? On which occasions can it be observed (for instance at meetings, during dinner, or during business negotiations)?

课后练习

一、听录音，回答问题。Listen to the recording and answer the questions.

1. 公司秘书最后订了几张机票？都是什么票？ How many air tickets did the secretary finally book? What kind of air tickets are they?

A. 3张公务舱　　　　　　　　B. 3张经济舱

C. 2张公务舱，1张经济舱　　　D. 2张经济舱，1张公务舱

2. 根据录音内容完成表格。Fill in the form according to what you've heard.

飞行起点		
飞行终点		
起飞时间		
订票类型	□ 单程票	□ 往返票

3. 公司秘书为什么没有订到下午3点的飞机？ Why did the secretary fail to book the 3p.m. air ticket?

二、听录音，写拼音。Listen to the recording and write down the Pinyin.

| 销售 | 生产 | 上午 | 商务 | 安排 |

| 车间 | 预订 | 邮件 | 客户 |

三、连接词语和相应的意思。Match the following words with their meanings.

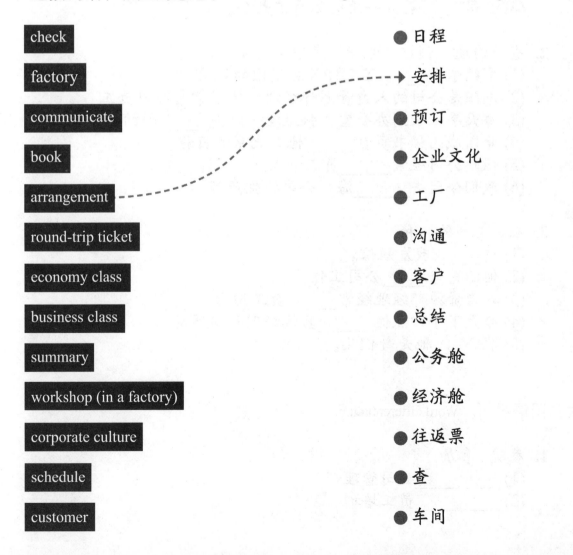

check   ● 日程

factory   → 安排

communicate   ● 预订

book   ● 企业文化

arrangement   ● 工厂

round-trip ticket   ● 沟通

economy class   ● 客户

business class   ● 总结

summary   ● 公务舱

workshop (in a factory)   ● 经济舱

corporate culture   ● 往返票

schedule   ● 查

customer   ● 车间

四、听录音，熟读下列句子。Listen to the recording and practice reading the following sentences until you can say them fluently.

1. 请谈谈您的日常工作好吗？

2. 我一般8点到工厂，先查一下电子邮件，然后了解前一天的生产情况。

3. 王梅是阿迪达斯公司的一名培训师。

4. 我要预订一张7月30号到北京的机票。

5. 她经常帮助新员工了解企业文化。

五、选词填空。Fill in the blanks with the words given.

1. 经常　每天　有时候　一般　然后　每月
   (1) 王林_____5点钟起床。
   (2) 王林晚上_____回家吃饭，但_____他也和客户去外面吃饭。
   (3) 王林早晨_____先去跑步，_____吃早饭。
   (4) 公司_____召开一次全体员工大会。

2. 查　沟通　预订　组织　参观　安排
   (1) 罗纳尔多_____了6月8号去德国的机票。
   (2) 李阳是公司的人力资源部经理，他经常与公司员工_____。
   (3) 每天早上来到办公室，张经理一般先_____他的电子邮件。
   (4) 李国诚的秘书负责_____他在北京的日程。
   (5) 微软公司经常_____员工培训。
   (6) 我们今天去_____海尔公司的生产部。

3. 在　与　给　和
   (1) 请_____我发短信。
   (2) 他的爸爸_____公司工作。
   (3) 人力资源部经理经常_____员工沟通。
   (4) 今天下午四点他_____其他经理开沟通会。
   (5) 我_____他是哥们儿。

六、词语辨析。Word differentiation.

1. 参观　参加
   (1) _____公司管理部
   (2) _____员工培训

2. 呢　吗

(1) 订4号上午的机票可以_____？

(2) 您和其他经理怎么沟通_____？

七、连句子，组成对话。Make dialogues by matching the sentences on the right side to the ones on the left.

您和其他经理怎么沟通呢？　　　　　　我们每天开一次沟通会。

您一般什么时候下班呢？　　　　　　　下午经常在生产车间。

你下午经常在哪儿？　　　　　　　　　6点左右吧。

八、阅读短文，回答问题。Read the text and answer the questions.

中国的工作时间和假日

了解中国的工作时间和假日（jiàrì，holiday）情况，对安排在中国的商务活动、开展业务（kāizhǎn yèwù，develop business）十分必要。

工作日——周一至周五。

节假日——法定节日（fǎdìng jiérì，legal holiday）有10天：新年（Xīnnián，new year）（1月1日），放假一天；春节（Chūnjié，农历[nónglì，lunar calendar]新年），放假三天；国际劳动节（Guójì Láodòngjié，5月1日），放假三天；国庆节（Guóqìngjié，National Holiday）（10月1日），放假三天。为了假期更长，中国人一般会调换（diàohuàn，swap）工作和休息的时间，使春节、劳动节、国庆节都有一周的假期，称为"黄金周"（Huángjīnzhōu，The Golden Week）。在一些传统（chuántǒng，traditional）节日，如元宵节（Yuánxiāojié，the Chinese Lantern Festival）（农历正月十五）里，中国人有时会休息半天或提前下班。

上下班时间——不少中国人的工作时间一般为9：00至17：00，称为"朝九晚五"。这些人一般是在公司工作的"上班族"或"白领"（báilǐng，white colar）。还有些在机关（jīguān，government agency）、学校等地方工作的人早上8：00或8：30上班。中午，人们都有大约一个小时的午餐和休息时间。

ZhōngGuó de gōngzuò shíjiān hé jiàrì

　　Liǎojiě ZhōngGuó de gōngzuò shíjiān hé jiàrì qíngkuàng, duì ānpái zài Zhōngguó de shāngwù huódòng, kāizhǎn yèwù shífēn bìyào.

　　Gōngzuòrì — Zhōuyī zhì Zhōuwǔ.

　　Jiéjiàrì — Fǎdìng jiérì yǒu shí tiān: Xīnnián (yī yuè yī rì), fàng jià yì-tiān; Chūnjié (nónglì Xīnnián), fàng jià sān tiān; Guójì Láodòngjié (wǔ yuè yī rì), fàng jià sān tiān; Guóqìngjié (shí yuè yī rì), fàng jià sān tiān. Wèile jiàqī gèng cháng, Zhōngguórén yìbān huì diàohuàn gōngzuò hé xiūxi de shíjiān, shǐ Chūnjié, Láodòngjié, Guóqìngjié dōu yǒu yì zhōu de jiàqī, chēng-wéi "Huángjīnzhōu". Zài yìxiē chuántǒng jiérì, rú Yuánxiāojié (nónglì zhēng yuè shíwǔ) lǐ, Zhōngguórén yǒushí huì xiūxi bàn tiān huò tíqián xià bān.

　　Shàngxiàbān shíjiān — Bùshǎo Zhōngguórén de gōngzuò shíjiān yì-bān wéi 9:00 zhì 17:00, chēngwéi "zhāo jiǔ wǎn wǔ". Zhèxiē rén yìbān shì zài gōngsī gōngzuò de "shàngbānzú" huò "báilǐng". Háiyǒu xiē zài jīguān, xuéxiào děng dìfang gōngzuò de rén zǎoshang 8:00 huò 8:30 shàng bān. Zhōngwǔ, rénmen dōu yǒu dàyuē yí ge xiǎoshí de wǔcān hé xiūxi shíjiān.

1. 中国的工作日是哪几天？ Which days are weekdays in China?

2. 中国有哪些节假日？请简单介绍一下。What are the holidays in China? Briefly talk about Chinese festivals.

3. 什么是"黄金周"？ What is "Golden Week"?

4. 中国人的工作时间是什么样的？ What are the Chinese people's working hours?

一个 尴尬（gāngà, awkward）的约会

　　约翰是一个60岁的 新西兰（Xīnxīlán, New Zealand）人，他对见面守时的要求非常高。一天，有个中国广告 代理商（dàilǐshāng, agent）与他约好来谈一个广告的设计问题。由于司机不熟悉来公司的路，而且又遇到 交通堵塞（jiāotōng dǔsè, traffic jams），广告代理商迟到了半个小时。当广告代理商 匆忙（cōngmáng, hurry）赶来时，约翰却没有与代理商谈论广告的事，反而起身离开了办公室。约翰的中国 助理（zhùlǐ, assistant）知道老板平时就是这样对待约会迟到的人，但是今天这个广告的设计工作非常重要，与后面好几件工作都有关系。他虽然很生气，但是又拿老板

没办法。

Resource from：海丛：《从时间观念和使用上的不同看中西方文化差异——商务活动中文化冲突的案例研究》，《成人高教学刊》，2002.1

Yí ge gāngà de yuēhuì

Yuēhàn shì yí ge 60 suì de Xīnxīlánrén, tā duì jiàn miàn shǒu shí de yāoqiú fēicháng gāo. Yì tiān, yǒu ge Zhōngguó guǎnggào dàilǐshāng yǔ tā yuēhǎo lái tán yí ge guǎnggào de shèjì wèntí. Yóuyú sījī bù shúxī lái gōngsī de lù, érqiě yòu yùdào jiāotōng dǔsè, guǎnggào dàilǐshāng chídào le bàn ge xiǎoshí. Dāng guǎnggào dàilǐshāng cōngmáng gǎnlái shí, Yuēhàn què méiyǒu yǔ dàilǐshāng tánlùn guǎnggào de shì, fǎn'ér qǐ shēn líkāi le bàngōngshì. Yuēhàn de Zhōngguó zhùlǐ zhīdao lǎobǎn píngshí jiùshì zhè yàng duìdài yuēhuì chídào de rén, dànshì jīntiān zhège guǎnggào de shèjì gōngzuò fēicháng zhòngyào, yǔ hòumiàn hǎo jǐ jiàn gōngzuò dōu yǒu guānxi. Tā suīrán hěn shēngqì, dànshì yòu ná lǎobǎn méi bànfǎ.

1. 约翰是谁？他是一个什么样的人？Who is John? What kind of person is he?

_____

_____

2. 中国广告代理商为什么迟到了？Why was the Chinese ad agent late?

_____

_____

3. 约翰的中国助理为什么对约翰很生气？如果你是这个助理，你会怎样处理这件事？Why was John's Chinese assistant mad at John? If you were the assistant, how would you deal with this matter?

_____

_____

_____

九、实践时间——制订计划。Practice time — Make plans.

你的一个老客户来到你的家乡，你想带他/她去几个有趣的地方玩，请你制订出一个游玩计划。One of your clients visits your hometown, and you want to take him/her to some interesting places. Please make a plan.

时间	游玩景点

第4单元
办公地点

一、热身活动——和同伴讨论一下，你喜欢下面哪种办公室，并介绍一下自己的办公室。Warm-up—Please discuss with your group members. Which of the offices below do you like? Talk about your own office.

二、看图写词语。Look at the pictures and write down the words.

办公家具　超市员工　秘书　办公用品　指示图　牌子　电梯

三、看图描述位置。Look at the pictures and describe the position.

1. 用"旁边"和"对面"来描述位置。Describe positions by using 旁边 and 对面.

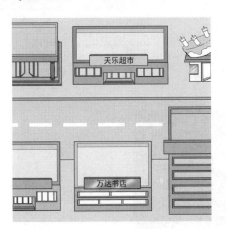 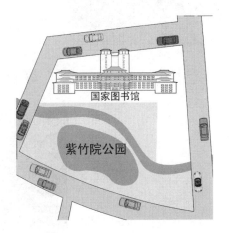

2. 用"东边、西北、东南、北边"描述"好邻居超市"的位置。Describe the postions of Good Neighbor Supermarkets by using 东边，西北，东南，北边.

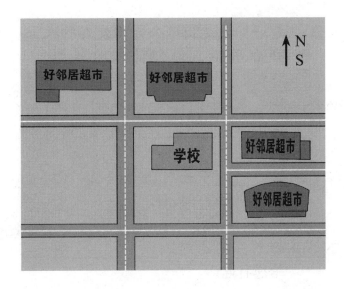

四、看图说句子。Look at the pictures and make sentences.

高——更高

快——更快

容易——更容易

五、完成对话。Complete the dialogues.

1.　　　大卫：您好！我是腾讯公司研发部的大卫。我们上个月＿＿＿＿＿了办公用品，你们什么时候送货？

名品办公：啊！您好，您好！我们马上要＿＿＿＿＿＿＿＿！请问，＿＿＿＿＿＿＿＿＿？

大卫：＿＿＿＿＿中关村图书大厦，看见银谷大楼，我们公司＿＿＿＿16层。

名品办公：好的！谢谢您，＿＿＿＿＿再给您打电话。

2. 马莉：您好！我要订餐！

麦当劳：您好！请问您要_____？

马莉：10份。

麦当劳：请问您的地址是？

马莉：万达书店。

麦当劳：请问_____？

马莉：_____到方正科技大楼，然后万达书店就在_____。

麦当劳：_____？

马莉：88812333。

麦当劳：好的，我们到书店时_____打电话。再见。

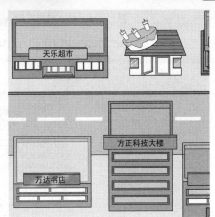

六、小游戏。Game.

规则：老师问"你要做什么"，学生分为两组，比赛说出"要做什么"，哪组说的多哪组获胜。

Students are divided into two groups. The teacher asks: 你要做什么, and students answer 要做什么. The group which answers most of the questions wins.

问：你要做什么？

答：我要找一个汉语辅导老师。

七、角色扮演。Role Play.

招聘单位人力资源部经理，打电话通知某位同学面试。

An HR manager of a recruiting company informed a student of an interview by phone.

时间：周一下午四点。

地点：建外SOHO 6号楼1602房间。

课后练习

一、听录音，回答问题。Listen to the recording and answer the questions.

1. 请根据录音标出田兴要走的路线，并标出医院、银行和飞虹公司的位置。According to what you've heard, mark the route Tian Xing is going to take and the location of hospital, bank and Feihong Company.

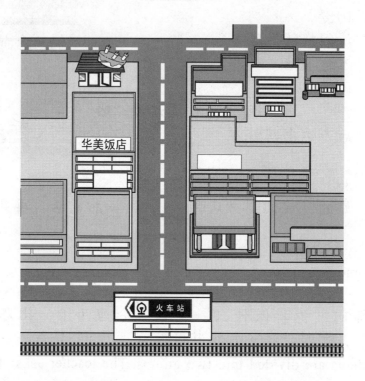

2. 如果你要去飞虹公司办事，什么时间去好？什么时间去不好？为什么？ If you will go to Feihong Company for business, what time is best? What time is not good? Why?

二、听录音，写拼音。Listen to the recording and write down the Pinyin.

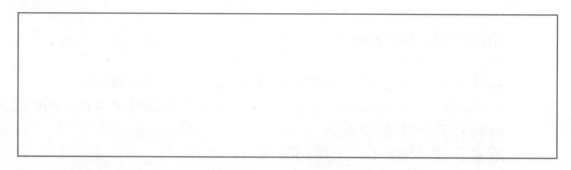

办公　　电梯　　值班　　订购

送货　　家具　　牌子

三、连接词语和相应的意思。Match the following words with their meanings.

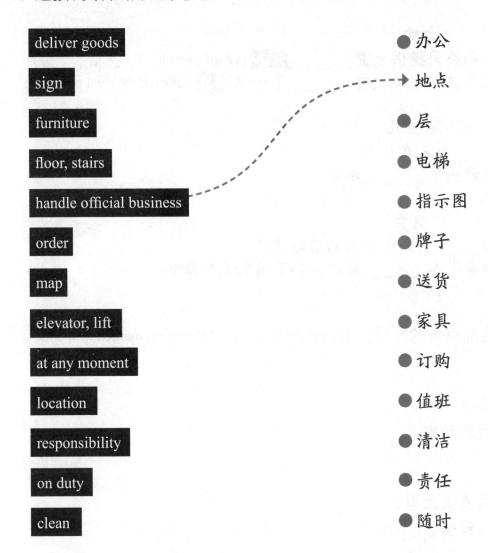

deliver goods	● 办公
sign	→ 地点
furniture	● 层
floor, stairs	● 电梯
handle official business	● 指示图
order	● 牌子
map	● 送货
elevator, lift	● 家具
at any moment	● 订购
location	● 值班
responsibility	● 清洁
on duty	● 责任
clean	● 随时

四、听录音，熟读下列句子。Listen to the recording and practice reading the following sentences until you can say them fluently.

1. 你们上星期订购了办公家具，我们现在马上要给你们送货。

2. 请问，怎么找你们更容易一些？

3. 我们公司就在它的旁边。

4. 有问题可以再打电话。

5. 欢迎你来麦当劳工作。

五、选词填空。Fill in the blanks with the words given.

1. 送货　　　订购
   (1) 我们公司提供免费_____业务 (yèwù, service)。
   (2) 上个月，天马公司_____了一批钢材 (gāngcái, steel products)。

2. 一些　　　一点儿
   (1) _____人在开会。
   (2) 他就买了_____水果。

3. 需要　　　负责
   (1) 你_____公司 9 层的清洁工作。
   (2) 如果有人_____帮助，你有责任去帮助他。

六、说出下列加点词的意思。Explain the meanings of the words marked with dots.

1. 就
   我马上就回来。
   这就是我的家。

2. 要
   我明天要去美国。
   我要一杯水。

七、连句子，组成对话。Make dialogues by matching the sentences on the right side to the ones on the left.

怎么找你们更容易一些?　　　　方正科技大楼在北京的西北边。

你们公司在北京大学旁边吗?　　没错，就在北京大学旁边。

方正科技大楼在哪?　　　　　　你到北京大学北门，我们公司就在对面。

八、阅读短文，回答问题。Read the text and answer the questions.

中国的CBD

中央商务区（Central Business District）简称CBD，指商业聚集（jùjí, assemble）的地方。纽约的曼哈顿、巴黎的拉德方斯、东京的新宿、香港的中环都是国际上发展得非常成熟（chéngshú, mature）的中央商务区。中央商务区集中了大量金融、商业、贸易、信息及中介（zhōngjiè, intermediary）服务机构，拥有大量写字楼、酒店、公寓等配套设施（pèitào shèshī, supporting facilities），具备完善的交通和通讯条件。所以，中央商务区是现代化国际大都市的重要标志。

北京CBD的范围是：东大桥路（西）——西大望路（东）、朝阳北路（北）——通惠河（南）之间约3.99平方公里的区域。在这个范围里，国贸、汉威、嘉里等高档写字楼内早已集中了许多国内外知名的大公司。

上海市的陆家嘴区主要发展金融、贸易、商业、房地产（fángdìchǎn, real-estate）、信息等第三产业，是21世纪上海中央商务区的主要组成部分。作为中国唯一（wéiyī, only）以金融贸易命名的开发区，陆家嘴区享有许多特殊政策。

Resource from: http://www.cbdbj.com.cn

Zhōngguó de CBD

Zhōngyāng shāngwùqū jiǎnchēng CBD, zhǐ shāngyè jùjí de dìfang. Niǔyuē de Mànhādùn, Bālí de Lādéfāngsī, Dōngjīng de Xīnsù, Xiānggǎng de Zhōnghuán dōu shì guójì shang fāzhǎn de fēicháng chéngshú de zhōngyāng shāngwùqū. Zhōngyāng shāngwùqū jízhōng le dàliàng jīnróng, shāngyè, màoyì, xìnxī jí zhōngjiè fúwù jīgòu, yōngyǒu dàliàng xiězìlóu, jiǔdiàn, gōngyù děng pèitào shèshī, jùbèi wánshàn de jiāotōng hé tōngxùn tiáojiàn. Suǒyǐ, zhōngyāng shāngwùqū shì xiàndàihuà guójì dàdūshì de zhòngyào biāozhì.

Běijīng CBD de fànwéi shì: Dōngdàqiáo Lù (xī) — Xīdàwàng Lù (dōng), Cháoyángběi Lù (běi) — Tōnghuì Hé (nán) zhījiān yuē 3.99 píngfāng gōnglǐ de qūyù. Zài zhège fànwéi lǐ, Guómào, Hànwēi, Jiālǐ děng gāodàng xiězì-lóu nèi zǎo yǐ jízhōng le xǔduō guónèiwài zhīmíng de dà gōngsī.

Shànghǎishi de Lùjiāzuǐ Qū zhǔyào fāzhǎn jīnróng, màoyì, shāngyè, fángdìchǎn, xìnxī děng dìsān chǎnyè, shì 21 shìjì Shànghǎi zhōngyāng shāngwùqū de zhǔyào zǔchéng bùfen. Zuòwéi Zhōngguó wéiyī yǐ jīnróng màoyì mìngmíng de kāifāqū, Lùjiāzuǐ Qū xiǎngyǒu xǔduō tèshū zhèngcè.

1. 什么是"中央商务区"？中央商务区有什么特点？ What is a "central business district"? What characteristics does it have?

2. 世界著名的中央商务区有哪些？ What are the world-famous central business districts?

3. 上海市的陆家嘴区有什么特点？What characteristics does Lujiazui District of Shanghai have?

迷人（mírén, charming）的工程师乐园

  对于Google，工程师的需求是放在第一位的。据介绍，Google总部设有一个工程部，专门负责全球所有办公室的总体设计。员工的桌子与椅子的大小、员工的办公空间大小、网络布线等等都经过他们的精心（jīngxīn, elegant）设计。在硬件（yìngjiàn, hardware）方面，Google为每位工程师配备（pèibèi, equip）两台电脑，两个24寸的液晶显示屏（yèjīng xiǎnshìpíng, Liquid Crystal Display），以及多种键盘。

  除了完善的硬件设备和整洁的办公环境外，最迷人的就是员工们的个性化（gèxìnghuà, individualistic）装饰和各种健身娱乐设施了。在Google，除了睡觉外，工作、吃饭、健身、娱乐都可以在工作环境中完成。因为Google希望员工把这里当成家。

  Google中国的每位员工在进入Google的时候，都会领到一笔钱用来装饰自己的办公室。员工们经常把钱凑在一起买各种东西，比如玩具、帐篷（zhàngpeng, tent）、仙人掌（xiānrénzhǎng, cactus）等。Google中国

还对办公环境进行 评奖（píngjiǎng, assess），以评出最有创意的办公环境。Google中国认为，一个有创意的员工不仅表现在工作上，同时也表现在生活的各个方面。

Resource from: http://cnw2005.cnw.com.cn

Mírén de gōngchéngshī lèyuán

Duìyú Google, gōngchéngshī de xūqiú shì fàngzài dìyī wèi de. Jù jièshào, Google zǒngbù shèyǒu yí ge gōngchéngbù, zhuānmén fùzé quánqiú suǒyǒu bàngōngshì de zǒngtǐ shèjì. Yuángōng de zhuōzi yǔ yǐzi de dàxiǎo, yuángōng de bàngōng kōngjiān dàxiǎo, wǎngluò bùxiàn děngděng dōu jīngguò tāmen de jīngxīn shèjì. Zài yìngjiàn fāngmiàn, Google wèi měi wèi gōngchéngshī pèibèi liǎng tái diànnǎo, liǎng gè 24 cùn de yèjīng xiǎnshìpíng, yǐjí duōzhǒng jiànpán.

Chúle wánshàn de yìngjiàn shèbèi hé zhěngjié de bàngōng huánjìng wài, zuì mírén de jiùshì yuángōngmen de gèxìnghuà zhuāngshì hé gèzhǒng jiànshēn yúlè shèshī le. Zài Google, chúle shuì jiào wài, gōngzuò, chī fàn, jiàn shēn, yúlè dōu kěyǐ zài gōngzuò huánjìng zhōng wánchéng. Yīnwèi Google xīwàng yuángōng bǎ zhèlǐ dàngchéng jiā.

Google Zhōngguó de měi wèi yuángōng zài jìnrù Google de shíhou, dōu huì lǐngdào yì bǐ qián yònglái zhuāngshì zìjǐ de bàngōngshì. Yuángōngmen jīngcháng bǎ qián còu zài yìqǐ mǎi gèzhǒng dōngxi, bǐrú wánjù, zhàngpeng, xiānrénzhǎng děng. Google Zhōngguó hái duì bàngōng

huánjìng jìnxíng píngjiǎng, yǐ píngchū zuì yǒu chuàngyì de bàngōng huánjìng. Google Zhōngguó rènwéi, yí ge yǒu chuàngyì de yuángōng bùjǐn biǎoxiàn zài gōngzuò shàng, tóngshí yě biǎoxiàn zài shēnghuó de gègè fāngmiàn.

1. Google总部的工程部有什么作用？ What role does the Enginering Department at the headquarters of Google play?

_____

_____

_____

2. Google的工作环境最迷人的地方是什么？ 员工们可以在这样的工作环境里做哪些事？ What is the most charming part of the working environment at Google? What activities are the working staff at Google able to do while at work?

_____

_____

_____

3. Google中国为什么给每个新员工一笔钱？ 为什么要对办公环境进行评奖？ Why does Google China give every new staff member some money? Why does Google China carry out an assessment of the working environment?

_____

_____

_____

九、实践时间。Practice time.

☀实践时间

试着用汉语做一个打算在租房网上发布的求租信息文档，内容包含想要租的房子所在的路段、周边环境、房间大小、价格、联系方式等信息。Try to use Chinese write an apartment-wanted article that will be published online. It should contain the location, surrounding environment, the size and price of the house you want to rent, contacts, etc.

第5单元
商务宴会

课堂活动

一、热身活动——和同伴讨论一下，你喜欢下面哪种谈生意的方式？为什么？ Warm-up—Please discuss with your group members. Which way of business negotiation do you like? Why?

☐ 在谈判桌上正式地谈生意 (zài tánpànzhuō shàng zhèngshì de tán shēngyì)

☐ 在谈判桌上边聊天边谈生意 (zài tánpànzhuō shàng biān liáo tiān biān tán shēngyì)

☐ 吃饭时谈生意 (chī fàn shí tán shēngyì)

☐ 在咖啡厅里谈生意 (zài kāfēitīng lǐ tán shēngyì)

二、看图写词语。Look at the pictures and write down the words.

大衣　宴会　烤鸭　画廊　公园　饭店

三、词语搭配游戏。Word match.

四、用所给句型描述图片。Describe the pictures by using the given sentence structures.

1. 在……举办……
……安排在……

在 _____ 举办宴会。　　在 _____ 举办宴会。　　在 _____ 举办宴会。

宴会安排在 _____ 。　　宴会安排在 _____ 。　　宴会安排在 _____ 。

2. 是……的

罗宾是 _____ 来中国的。　　　　金南珠是从 _____ 来的。

哈维尔是 _____ 来的。　　　　这次宴会是在 _____ 举办的。

3. 太······了

太 _____ 了。　　太 _____ 了。　　太 _____ 了。

4. 和······一样······

崔凯和崔华一样 _____。山姆和吉利一样 _____。刘英和王平一样 _____。

五、小游戏。Game.

规则：学生分成两组用"我想请你······"造句，哪组说的句子多哪组获胜。

Students are divided into two groups, and make sentences using 我想请你······.
The group that makes most of the sentences wins.

例：我想请你看电影。
　　我想请你吃烤鸭。

六、完成对话。Complete the dialogues.

1. A：这次跟你们的合作非常愉快。

B：＿＿＿＿＿＿，我们 ＿＿＿＿＿＿＿＿＿。

2. A：为了庆祝我们合作成功，干杯！

B：也为 ＿＿＿＿＿＿＿＿＿，干杯。

七、用"动词＋得＋形容词"描述图片。Describe the pictures with "Verb + 得 + Adjective".

例：长得漂亮

跑得＿＿＿＿＿

踢得＿＿＿＿＿

合作得＿＿＿＿＿

写得＿＿＿＿＿

八、角色扮演。Role Play.

你是某公司的总裁助理，总裁周五要会见一个重要的客户，请你安排好宴会的地点并通知客户。Suppose you are the assistant to the CEO of a company. The CEO has an appointment with an important client on Friday. Please arrange the venue of the business banquet and then inform the client.

九、讨论。Discussion.

你的国家宴会的座位安排与中国有什么不同的地方？请简单介绍一下。What are the differences between the seating arrangements at a banquet in your country and in China? Please talk about it briefly.

课后练习

一、听录音，回答问题。Listen to the recording and answer the questions.

1. 李总为什么要请孙总吃饭？Why does Manager Li invite Manager Sun to dinner?
    A. 孙总又订购了500件商品
    B. 孙总公司的产品质量好、价格合理
    C. 李总和孙总是老朋友
    D. 庆祝合作成功

2. 根据录音内容填空。Fill in the blanks according to what you've heard.
    (1) 这次宴会的时间大概在_____晚上_____。
    (2) 这次宴会将在白石_____举办。
    (3) 中国_____提供_____和服务。

3. 为什么李总不想在饭店举办这次宴会？你觉得在哪里举办商务宴会好？为什么？Why doesn't Manager Li want to hold this banquet at a hotel? Where

do you think a business banquet should be held? Why?

二、听录音，写拼音。Listen to the recording and write down the Pinyin.

| 宴会 | 饭店 | 合作 | 愉快 | 同事 |
| 庆祝 | 成功 | 质量 | 进口 | 干杯 |

三、连接词语和相应的意思。Match the following words with their meanings.

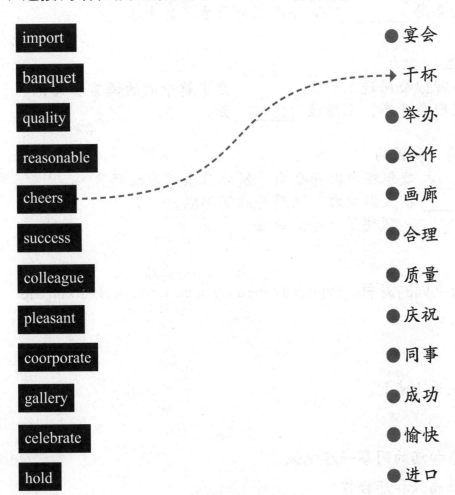

import   ● 宴会
banquet   → 干杯
quality   ● 举办
reasonable   ● 合作
cheers   ● 画廊
success   ● 合理
colleague   ● 质量
pleasant   ● 庆祝
coorporate   ● 同事
gallery   ● 成功
celebrate   ● 愉快
hold   ● 进口

四、听录音，熟读下列句子。Listen to the recording and practice reading the following sentences until you can say them fluently.

1. 我们这次合作得非常愉快。

2. 为了庆祝我们合作成功，干杯！

3. 不错，这样更随意一些。

4. 下星期五的商务宴会已经安排好了。

5. 你们的大衣质量好，价格也合理，下次我们要多进口10000件。

五、选词填空。Fill in the blanks with the words given.

1. 要　　想
   (1) 联想_____用12.5亿美元并购IBM的个人电脑业务。
   (2) 彼得在中国非常_____家。
   (3) 我们公司_____1000件你们公司生产的大衣。

2. 都　　也
   (1) 很多跨国公司进入中国_____要了解中国的语言和文化。
   (2) 刘经理会开车，王经理_____会。

3. 为了　　为　　因为
   (1) _____我想在中国开公司，所以我来学习汉语。
   (2) _____扩大影响力，联想并购了IBM。
   (3) 他_____我想了一个好办法。

六、说出下列加点词的意思。Explain the meaning of the words marked with dots.

1. 那
   那是谁？
   那我们明天七点见。

2. 和
   我想请您和您的同事一起吃饭。
   我们也很高兴和您合作。

七、连句子，组成对话。Make dialogues by matching the sentences on the right side to the ones on the left.

明天晚上7点我在北外门口等您，好吗？　也为今后的合作，干杯！

很高兴和您合作。　　　　　　　　　　　我们也很高兴和您合作。

为了庆祝我们合作成功，干杯。　　　　　好，那我们明天7点见。

八、阅读短文，回答问题。Read the following text and answer the questions.

中国的饭局（fànjú, dinner table）

　　饭局是中国人首选的社交方式。"局"是下棋术语（shùyǔ, term），后来发展出"聚会、圈套（quāntào, trap）"的意思。"饭"与"局"的组合，是宋代人对中国文化的一大贡献——因为饭局上的圈套实在太多了。

　　作为社交方式的中国式饭局，可以向对方表示亲近（qīnjìn, intimate），也就是认同对方是"自己人"。要办的事先不说，先吃，这样就没有势利（shìlì, snobbish）感；事不成就喝酒，也不伤面子（shāng miànzi, threaten one's face）。如果以正式的方式只谈公事，中国人会觉得太紧张。

　　公司间的谈判也经常在饭局上进行。饭局开始时气氛很好，寒暄（hánxuān, greeting）过后，便发生很大变化。饭局中，双方互不相让，努力使自己掌握饭局的主动。这时，酒菜便成为缓和（huǎnhé, ease）气氛的工具。为了防止谈判僵持（jiāngchí, deadlock），聪明的饭局领导者都会在争论比较激烈的时候提议大家干一杯，缓和一下情绪再继续讨论。这也正是选择在饭局上谈判的一个重要原因。

Resource from: http://info.biz.hc360.com

Zhōngguó de fànjú

　　Fànjú shì Zhōngguórén shǒuxuǎn de shèjiāo fāngshì. "Jú" shì xià qí shùyǔ, hòulái fāzhǎn chū "jùhuì, quāntào" de yìsi. "Fàn" yǔ "jú" de zǔhé, shì Sòngdàirén duì Zhōngguó wénhuà de yí dà gòngxiàn — yīnwèi fànjú shang de quántào shízài tài duō le.

Zuòwéi shèjiāo fāngshì de Zhōngguóshì fànjú, kěyǐ xiàng duìfāng biǎoshì qīnjìn, yě jiùshì rèntóng duìfāng shì "zìjǐrén". Yào bàn de shì xiān bù shuō, xiān chī, zhèyàng jiù méiyǒu shìlì gǎn; shì bù chéng jiù hē jiǔ, yě bù shāng miànzi. Rúguǒ yǐ zhèngshì de fāngshì zhǐ tán gōngshì, Zhōngguórén huì juéde tài jǐnzhāng.

Gōngsī jiān de tánpàn yě jīngcháng zài fànjú shàng jìnxíng. Fànjú kāishǐ shí qìfēn hěn hǎo, hánxuān guòhòu, biàn fāshēng hěn dà biànhuà. Fànjú zhōng, shuāngfāng hù bù xiāngràng, nǔlì shǐ zìjǐ zhǎngwò fànjú de zhǔdōng. Zhèshí, jiǔcài biàn chéngwéi huǎnhé qìfēn de gōngjù. Wèile fángzhǐ tánpàn jiāngchí, cōngming de fànjú lǐngdǎozhě dōu huì zài zhēnglùn bǐjiào jīliè de shíhou tíyì dàjiā gān yì bēi, huǎnhé yíxià qíngxù zài jìxù tǎolùn. Zhè yě zhèngshì xuǎnzé zài fànjú shàng tánpàn de yí ge zhòngyào yuányīn.

1. "饭局"是什么意思？"饭"和"局"组合起来有什么特别的意思？
What does "dinner table" mean? What special meaning does the combination of "dinner" and "table" have?

2. 为什么饭局是中国人首选的社交方式？ Why is a "dinner table" the Chinese people's first choice in expressing sociality?

3. 公司间的谈判饭局是怎样进行的？ How is negotiation a "dinner table" between companies conducted?

4. 酒菜在谈判饭局中有什么作用？ What role does wine and food play in a negotiation "dinner table"?

祝酒词

　　祝酒词是在宴会开始时，主人表示欢迎、问候、感谢，客人进行答谢和祝愿的交际语言。祝酒词可以是一两句简单的话，用一些回忆、赞美（zànměi, praise）、幽默（yōumò, humor）把自己最美好的祝愿表达出来。它也可以是文章式的，由标题（biāotí, title）、称呼、正文（zhèngwén, body）和祝愿语等几部分构成，就像下面这个例子。

> 女士们、先生们：
> 　　晚上好！
> 　　"中国国际汽车展览会"（zhǎnlǎnhuì, exhibition）今天开幕（kāimù, open）了。今晚，我们有机会同各界朋友欢聚，感到很高兴。我谨代表中国国际贸易促进委员会上海市分会，对各位朋友光临

（guānglín, presence）我们的宴会，表示热烈欢迎！

我相信，这次展览会在推动汽车领域的技术进步以及经济贸易发展方面将起到积极作用。

今晚，各国朋友欢聚一堂（huānjù yìtáng, happy together），我希望中外同行（tónghǎng, a person of the same occupation）广交朋友，寻求合作，共同度过一个愉快的夜晚。

最后，请大家举杯，为"中国国际汽车展览会"的圆满成功，为朋友们的健康，干杯！

Resource from: http://bk.baidu.com

Zhùjiǔcí

Zhùjiǔcí shì zài yànhuì kāishǐ shí, zhǔrén biǎoshì huānyíng, wènhòu, gǎnxiè, kèrén jìnxíng dáxiè hé zhùyuàn de jiāojì yǔyán. Zhùjiǔcí kěyǐ shì yì-liǎng jù jiǎndān de huà, yòng yìxiē huíyì, zànměi, yōumò bǎ zìjǐ zuì měihǎo de zhùyuàn biǎodá chūlai. Tā yě kěyǐ shì wénzhāngshì de, yóu biāotí, chēnghu, zhèngwén hé zhùyuànyǔ děng jǐ bùfen gòuchéng, jiù xiàng xiàmiàn zhège lìzi.

Nǚshìmen, xiānshengmen:

Wǎnshang hǎo!

"Zhōngguó Guójì Qìchē Zhǎnlǎnhuì" jīntiān kāimù le. Jīnwǎn, wǒmen yǒu jīhuì tóng gè jiè péngyou huānjù, gǎndào hěn gāoxìng. Wǒ jǐn dàibiǎo Zhōngguó Guójì Màoyì Cùjìn Wěiyuánhuì Shànghǎi Shì fēnhuì, duì gèwèi péngyou guānglín wǒmen de yànhuì, biǎoshì rèliè huānyíng!

Wǒ xiāngxìn, zhè cì zhǎnlǎnhuì zài tuīdòng qìchē lǐngyù de jìshù jìnbù yǐjí jīngjì màoyì fāzhǎn fāngmiàn jiāng qǐdào jījí zuòyòng.

Jīnwǎn, gèguó péngyou huānjù yìtáng, wǒ xīwàng zhōngwài tóng háng guǎngjiāo péngyou, xúnqiú hézuò, gòngtóng dùguò yí ge yúkuài de yèwǎn.

Zuìhòu, qǐng dàjiā jǔ bēi, wèi "Zhōngguó Guójì Qìchē Zhǎnlǎnhuì" de yuánmǎn chénggōng, wèi péngyoumen de jiànkāng, gān bēi!

1. 什么是祝酒词？祝酒词有哪些种类？ What is a toast? How many kinds of toasts are there?

_____

_____

_____

2. 文中这个祝酒词的例子包括哪几部分内容？ How many parts does the toast in the text consist of?

_____

_____

_____

3. 在上面这个祝酒词的例子里，主人是怎样表示欢迎的？ In the toast above, how does the host extend his welcome?

_____

_____

_____

4. 在上面这个祝酒词的例子里，主人是怎样邀请大家举杯的？ In the toast above, how does the host invite the guests to make a toast?

_____

_____

_____

九、实践时间。Practice time.

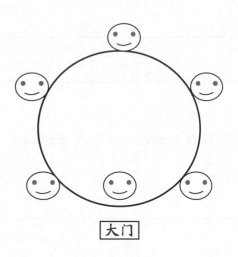

大门

☀实践时间

根据中国的宴会礼仪，安排下列人物的座位，并邀请他们入席。Arrange the seats of the following people according to Chinese banquet etiquette, and then invite them to be seated.

公司总经理、市场部主管、总经理秘书、销售部业务员、对方采购部负责人及其秘书 company's manager, Marketing executive, manager's secretary, Sales Deparment operator, the other company's Purchasing Department supervisor, and his secretary

第6单元
网上办公

课堂活动

一、热身活动——和同伴讨论一下，你喜欢网上购物还是去商店买东西？你能说出网上购物有哪些优点和缺点吗？ Warm-up—Please discuss with your group members. If you like shopping online or shopping in stores? Can you describe the advantages and disadvantages of shopping online?

优点：方便
……

缺点：不安全
……

二、看图写词语。Look at the pictures and write down the words.

网站　购物　网络会议　折扣　地址

63

公司地址：大连市沙河口区胜利路153号　香都花园4-B

三、词语搭配游戏。Word match.

投放　提交　提供　收发　听得

服务　清楚　广告　信息　电子邮件

四、用"先找到……然后……就可以"描述图片。Describe the pictures by using 先找到……然后……就可以.

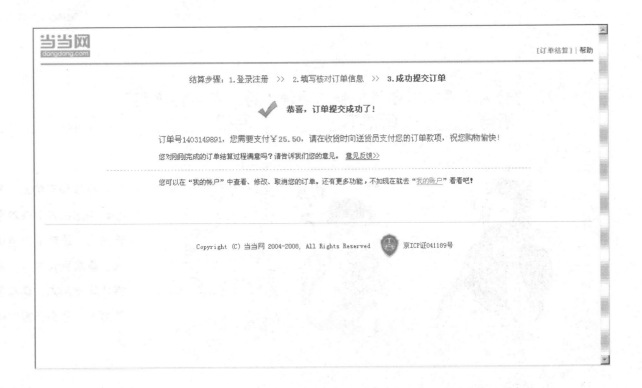

五、用所给句型描述图片。Describe the pictures by using the given sentence structures.

1. "动词＋得＋上"和"动词＋不＋上"

_____ 得上   _____ 不上   _____ 得上   _____ 不上

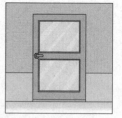    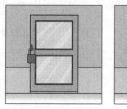 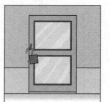

_____ 得上   _____ 不上   _____ 得上   _____ 不上

2. "动词+得+形容词"和"动词+得+不+形容词"

听得_____   听得不_____   写得_____   写得不_____

喜欢春天的
人,是心地纯
洁的人.喜欢
夏天的人,是热
情浪漫的人.

喜欢春天的人,是
心地纯洁的人。喜欢夏
天的人,是热情浪漫的
人。喜欢秋天的人,是
感情丰富的人。喜欢冬
天的人,是胸怀宽广的
人。

六、小游戏。Game.

规则：教师问"一个月/一年以后，你要做什么？"学生分两组轮流回
答，答得多的组获胜。

Teacher asks: "一个月／一年以后，你要做什么？" The students, who are divide into two groups, answer the questions in turn. The group which answers most of the questions wins.

例：一个月／一年以后我要回国。

七、完成对话。Complete the dialogues.

李英：您好，是广州英达服装公司吗？我们要 _____ 1000件大衣。
王明：您好！好的，非常欢迎。
李英：你们的大衣在北京销售得很好，但是你们的生产 _____ ？
王明：你们放心，我们现在是24小时生产，_____ 跟上。
李英：新货什么时候 _____ 北京？
王明：下个星期五到，保证 _____ 。
李英：那 _____ ，我们再联系。
王明：好，_____ 。

八、小辩论。Debate.

分两组，辩论网上购物的利与弊。Divide into two groups and debate the advantages and disadvantages of shopping online.

观点提示（Hints）：
正方（the affirmative）：网上购物利大于弊 Advantages > Disadvantages
- 网上购物是未来消费的趋势 Shopping online is the trend of future spending.
- 便利性和自主性 Convenience and spontaneity.
- 网上商品具有价格优势 Online goods have a price advantage.
- 消费者与厂家沟通很方便 Consumers can communicate with manufactures easily.

反方（the negative）：网上购物弊大于利 Advantages < Disadvantages
- 人们对网上购物缺乏信任感 People distrust online shopping.
- 网络技术和安全问题 The problems of Internet technology and safety.
- 消费者有多种层次，并不都适合网上购物 Online shopping does not meet consumers' diverse needs.

课后练习

一、听录音，回答问题。Listen to the recording and answer the questions.

1. 他们在讨论什么问题？What are the two people talking about?

    A. 联系主要网站   B. 投放网络广告   C. 调查网络广告效果

2. 根据录音内容完成表格。Fill in the form according to what you've heard.

网络广告的优点	网络广告的缺点
网络广告拥有越来越大的 _____，很多企业用网络进行 _____ 推广和企业 _____。	最近网络广告的 _____ 越来越高
与 _____ 广告、电台广告相比，网络广告 _____ 更快，价格更 _____，_____ 更灵活。	不知道网络广告的 _____ 好不好

3. 你觉得网络广告还有什么优点和缺点？你对公司投放网络广告有什么看法？In your opinion, what other advantages and disadvantages do the online ads have? What do you think of the online ads placed by companies?

二、听录音，写拼音。Listen to the recording and write down the Pinyin.

网络   购物   网站   折扣

信息   提交   免费   联系

三、连接词语和相应的意思。Match the following words with their meanings.

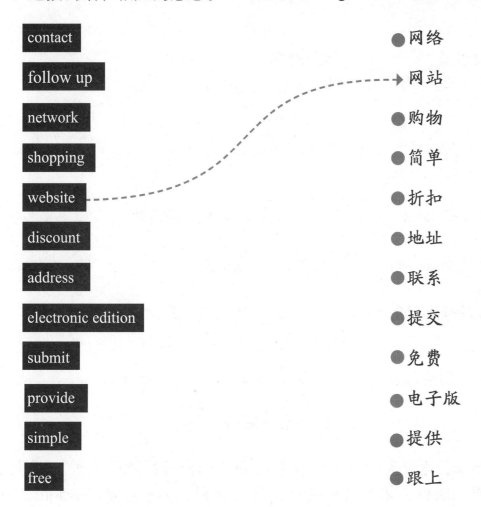

contact	●网络
follow up	→网站
network	●购物
shopping	●简单
website	●折扣
discount	●地址
address	●联系
electronic edition	●提交
submit	●免费
provide	●电子版
simple	●提供
free	●跟上

四、听录音，熟读下列句子。Listen to the recording and practice reading the following sentences until you can say them fluently.

1. 你们听得清楚吗？

2. 你们的生产能跟上吗？

3. 货到北京以后，我再和你们联系。

4. 如果你买的东西多，网站还提供免费送货服务。

5. 现在有了互联网，我讲课的内容都放到互联网上。

五、选词填空。Fill in the blank with the words given.

还　再

等你病好以后，_____ 参加比赛。

我们组有大卫，玛丽，王明，_____ 有我。

六、连句子，组成对话。Make dialogues by matching the sentences on the right side to the ones on the left.

你们听得清楚吗？　　　　　　　　我们听得很清楚。

你们的生产能跟上吗？　　　　　　这个星期四到。

新货什么时候能到北京？　　　　　一定能跟上。

七、阅读短文，回答问题。Read the following text and answer the questions.

商务电子邮件

近年来，电子邮件已经在商界得到了越来越广泛的使用。用电子邮件进行对外联络，不仅清楚安全，节省时间，不受篇幅（piānfu, length）的限制，而且可以大大地降低通讯费用。但是应该注意以下三个方面。

第一，认真撰写（zhuànxiě, write）。一定要精心构思（gōusī, conceive），保证主题明确、语言流畅（liúchàng, smooth）、内容简洁（jiǎnjié, concise）。

第二，避免滥用（bìmiǎn lànyōng, avoid ill-use）。对商务人士来说，时间是非常宝贵的。因此，不要向他人乱发电子邮件。

第三，注意编码（biānmǎ, coding）。由于种种原因，中国的内地、港澳台地区，以及世界上其他国家的华人，目前使用着不同的中文编码系统。因此，当一位商务人士使用中国内地的编码系统，向除中国内地之外的其他国家和地区发送电子邮件时，对方很有可能只会收到一封乱码（luànmǎ, confused code）的邮件。因此，这时必须同时用英文注明自己所使用的中文编码系统，以保证对方可以看到自己的邮件。

Resource from: http://info.biz.hc360.com

Shāngwù diànzǐ yóujiàn

Jìnniánlái, diànzǐ yóujiàn yǐjīng zài shāngjiè dédào le yuèláiyuè guǎngfàn de shǐyòng. Yòng diànzǐ yóujiàn jìnxíng duìwài liánluò, bùjǐn qīngchu ānquán, jiéshěng shíjiān, bú shòu piānfu de xiànzhì, érqiě kěyǐ dàdà de jiàngdī tōngxùn fèiyong. Dànshì yīnggāi zhùyì yǐxià sān ge fāngmiàn.

Dìyī, rènzhēn zhuànxiě. Yídìng yào jīngxīn gòusī, bǎozhèng zhǔtí míngquè, yǔyán liúchàng, nèiróng jiǎnjié.

Dì'èr, bìmiǎn lànyòng. Duì shāngwù rénshì láishuō, shíjiān shì fēicháng bǎoguì de. Yīncǐ, bú yào xiàng tārén luàn fā diànzǐ yóujiàn.

Dìsān, zhùyì biānmǎ. Yóuyú zhǒngzhǒng yuányīn, Zhōngguó de nèidì, Gǎng Ào Tái dìqū, yǐjí shìjiè shang qítā guójiā de huárén, mùqián shǐyòng zhe bùtóng de zhōngwén biānmǎ xìtǒng. Yīncǐ, dāng yí wèi shāngwù rénshì shǐyòng Zhōngguó nèidì de biānmǎ xìtǒng, xiàng chú Zhōngguó nèidì zhīwài de qítā guójiā hé dìqū fāsòng diànzǐ yóujiàn shí, duìfāng hěn yǒu kěnéng zhǐ huì shōudào yì fēng luànmǎ de yóujiàn. Yīncǐ, zhè shí bìxū tóngshí yòng yīngwén zhùmíng zìjǐ suǒ shǐyòng de zhōngwén biānmǎ xìtǒng, yǐ bǎozhèng duìfāng kěyǐ kàndào zìjǐ de yóujiàn.

1. 为什么近年来电子邮件在商界得到了广泛使用？ Why has e-mail been widely used in business these years?

2. 商务人士使用电子邮件应该注意什么？请根据文中的内容完成表格。

What do businessmen need to pay attention to when they use e-mail? Fill in the form according to the text.

	注意内容	原因	正确做法
第一			
第二			
第三			

3. 你或你的朋友收到过乱码邮件吗？你知道是什么原因吗？你是怎么解决的？Have you or your friends received any confusingly coded e-mails? Do you know why? How do you deal with it?

网上购物的好处和坏处

　　网上购物是一种新兴（xīnxīng, new）的购物方式。现在，越来越多的人喜欢用这种方式来买东西。因为他们认为网上购物非常方便，可以不用出门就买到自己想要的商品，节省了时间和精力（jīnglì, energy）。而且，有时还可以买到在本地市场买不到的商品。网上购物的另一个好处就是能够和其他消费者交流对产品的看法。此外，对一些追求新奇（xīnqí, novelty）的白领和学生来说，网上购物还是一种时尚（shíshàng, fashionable）的消费方式。

　　但是，不喜欢网上购物的人则表示，网上商品的质量很难保证。而且，网上购物的方式也不能让消费者提前体验（tǐyàn, experience）商品。此外，网络交易有时很不安全。还有人认为网上购物在付款和送货时不太方便。

不过，虽然网上购物有好处也有坏处，但是只要消费者能够仔细选择网上商品，正确合理地完成网上购物过程，大部分的问题就可以避免。

Resource friom: http://www.gogoemule.com

Wǎngshàng gòuwù de hǎochu hé huàichu

Wǎngshàng gòuwù shì yì zhǒng xīnxīng de gòuwù fāngshì. Xiànzài, yuèláiyuè duō de rén xǐhuan yòng zhèzhǒng fāngshì lái mǎi dōngxi. Yīnwèi tāmen rènwéi wǎngshàng gòuwù fēicháng fāngbiàn, kěyǐ búyòng chū mén jiù mǎidào zìjǐ xiǎng yào de shāngpǐn, jiéshěng le shíjiān hé jīnglì. Érqiě, yǒushí hái kěyǐ mǎidào zài běndì shìchǎng mǎi bú dào de shāngpǐn. Wǎngshàng gòuwù de lìng yí ge hǎochu jiùshì nénggòu hé qítā xiāofèizhě jiāoliú duì chǎnpǐn de kànfǎ. Cǐwài, duì yìxiē zhuīqiú xīnqí de báilǐng hé xuésheng láishuō, wǎngshàng gòuwù háishi yì zhǒng shíshàng de xiāofèi fāngshì.

Dànshì, bù xǐhuan wǎngshàng gòuwù de rén zé biǎoshì, wǎngshàng shāngpǐn de zhìliàng hěn nán bǎozhèng. Érqiě, wǎngshàng gòuwù de fāngshì yě bù néng ràng xiāofèizhě tíqián tǐyàn shāngpǐn. Cǐwài, wǎngluò jiāoyì yǒushí hěn bù ānquán. Háiyǒu rén rènwéi wǎngshàng gòuwù zài fù kuǎn hé sòng huò shí bú tài fāngbiàn.

Búguò, suīrán wǎngshàng gòuwù yǒu hǎochu yě yǒu huàichu, dànshì zhǐyào xiāofèizhě nénggòu zǐxì xuǎnzé wǎngshàng shāngpǐn, zhèngquè hélǐ de wánchéng wǎngshàng gòuwù guòchéng, dàbùfen de wèntí jiù kěyǐ bìmiǎn.

1. 网上购物有哪些好处？ What are the advantages for shopping online?

_____

_____

_____

2. 网上购物的坏处是什么？ What are the drawbacks for shopping online?

_____

_____

_____

3. 消费者应该怎样避免网上购物的问题？ How can consumers avoid the drawbacks when shopping online?

_____

_____

_____

八、实践时间——参加网络会议。Practice time —— Take part in a network meeting.

☀**实践时间**

你是某化妆品公司北京销售处的代表，跟天津、太原、武汉销售处的代表在网络会议上讨论各地化妆品销售情况，并介绍经验，制定明年的销售计划。Suppose you are the representative of the Beijing sales division of a cosmetic company. At a network meeting, you discuss the sales of cosmetics in different regions with representatives from Tianjin, Taiyuan and Wuhan, share experience, and make next-year's sales plan.

课堂活动

一、热身活动——和同伴讨论一下，在中国做广告应该考虑哪些因素？你
能设计一则在中国播放的耐克的广告吗？ Warm-up—Please discuss with your
group members. Which factors need to be taken into consideration when you want to place
advertisements in China? Can you design an advertisement for Nike to be run in China?

- [ ] 语言 (yǔyán)
- [ ] 地域 (dìyù)
- [ ] 禁忌 (jìnjì)
- [ ] 代言人 (dàiyánrén)
- [ ] 文化 (wénhuà)
- [ ] ……

二、看图写词语。Look at the pictures and write down the words.

专卖店   全家   品牌   汽车展   体育

三、词语搭配游戏。Word match.

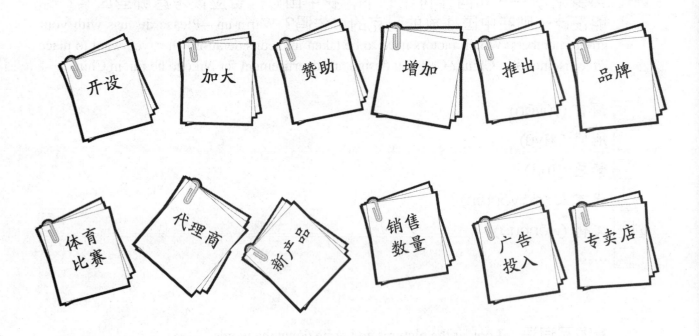

开设　加大　赞助　增加　推出　品牌

体育比赛　代理商　新产品　销售数量　广告投入　专卖店

四、用所给句型描述图片。Describe the pictures by using the given sentence structures.

1. "A比B + 形容词 + 多了"
   例：哈尔滨比北京冷多了。

2. "A比B＋动词＋了＋差别"
例：今年的销售量比去年增长了30%。

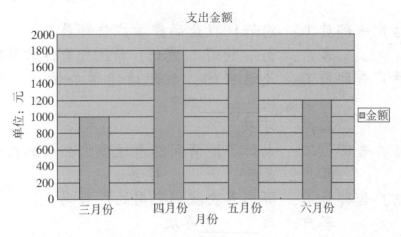

支出金额

3. "在……的时候＋动词"
例：李明在跑步的时候听音乐。

五、小游戏。Game.

规则：老师将全班分为两组，老师快速说出班级里同学的名字，两组同学快速用"真……"造句，不能重复，哪组说不出来时，另外一组就获胜。

Divide students in the class into two groups. As soon as the teacher calls the name of a student, the rest of the students make a sentence with 真……. Repetition is forbidden. A group wins when the other group fails to answer the question.

例：老师：玛丽！
　　A：真漂亮！
　　B：真高！
　　老师：何西！
　　A：……

六、完成对话。Complete the dialogue.

高露洁广告部员工：您好！我是高露洁广告部员工。
　　　　　　客户：啊，您好，您好！请问您有什么事需要_____吗？
高露洁广告部员工：是这样的，我想请您帮个忙，我要做个调查，请问_____吗？
　　　　　　客户：可以。
高露洁广告部员工：太好了！请问您看过我们公司的广告吗？
　　　　　　客户：是的，_____很多。
高露洁广告部员工：那您喜欢我们公司的广告吗？
　　　　　　客户：我_____喜欢。
高露洁广告部员工：谢谢您，那我们公司的广告对您消费有_____吗？
　　　　　　客户：有很大的影响，我_____购买高露洁的牙膏。
高露洁广告部员工：好的，谢谢您的支持，____感谢您的合作，再见。

课后练习

一、听录音，回答问题。Listen to the recording and answer the questions.

1. 根据录音内容填空。Fill in the blanks according to what you've heard.

   (1) 选择一个有_____的报纸，对产品的推广和_____，对企业在北京市场的发展都非常重要。

   (2) 但是，还需要根据企业和_____的情况进行_____。

2. 根据录音内容，连接报纸和各自适合推广的产品。Match the newspaper with the products that are suitable for it to promote according to what you've heard.

有个性的产品

新产品

适合商务人士的产品

大众化产品

3. 你觉得下面的产品适合在哪个报纸上投放广告，为什么？Which newspaper do you think is suitable for advertising the following products? Why?

(1) IBM商务电脑

(2) 摩托罗拉（MOTOROLA）最新推出的手机
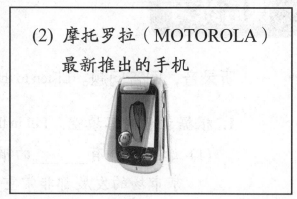

(3) 索尼（SONY）的PS2

(4) 海尔空调
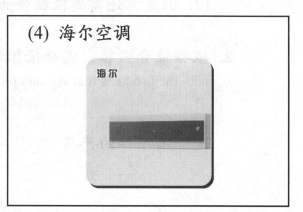

(5) 欧米茄（OMEGA）手表

二、听录音，写拼音。Listen to the recording and write down the Pinyin.

| 全家 | 比较 | 汽车展 | 促销 | 品牌 | 代理商 |

| 增加 | 专卖店 | 消费 | 体育 | 影响 | 下降 |

三、连接词语和相应的意思。Match the following words with their meanings.

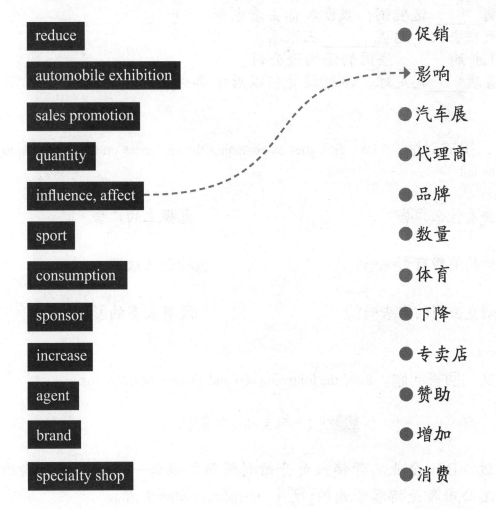

reduce ● 促销

automobile exhibition ● 影响

sales promotion ● 汽车展

quantity ● 代理商

influence, affect ● 品牌

sport ● 数量

consumption ● 体育

sponsor ● 下降

increase ● 专卖店

agent ● 赞助

brand ● 增加

specialty shop ● 消费

四、听录音，熟读下列句子。Listen to the recording and practice reading the following sentences until you can say them fluently.

1. 现在的价格比以前便宜了很多。

2. 现在是买车的时候。

3. 我们开设了很多专卖店，加大了广告投入。

4. 2005年这个品牌的手表销售量比上一年增加了30%。

81

5. 广告对我没有太多的影响，我更喜欢自己了解产品的特点。

五、选词填空。 Fill in the blanks by choosing a word.

过　　　　　　了

(1) 你喝_____这碗粥，我就和你去看电影。
(2) 今天我去火车站买_____三张票。
(3) TCL并购_____法国的汤姆逊公司。
(4) 他喜欢____踢足球，不过腿受伤以后就再也没踢过。

六、连句子，组成对话。 Make dialogues by matching the sentences on the right side to the
ones on the left.

你每天会看什么广告？　　　　　　　　　　电视上的广告。

广告对你的消费有影响吗？　　　　　　　　特别喜欢。

你喜欢耐克公司的广告吗？　　　　　　　　没有太多的影响。

七、阅读短文，回答问题。 Read the following text and answer the questions.

博客（bókè, blog）营销

　　最近，B2B企业的营销人员开始利用新的媒体——博客进行沟通。
很多知名公司都是博客营销的实践（shíjiàn, practice）者。
　　VisaUSA在2005年10月发布（fābù, release）了他们的第一个博客——
都灵之旅（www.journeytotorino.com）。这个博客网站以冬奥会（Dōng'ào
huì, Winter Olympics）体育新闻为内容主题。值得注意的是，Visa没有特别
推广（tuīguǎng, promote）这个博客网站，网站画面和内容中也很少提到
Visa公司。他们的目的是想考察（kǎochá, check）这个博客的宣传能够达
到什么效果。结果显示，网站用户不断发展，2006年1月份第一周的读
者人数达到1万人。
　　IBM也是新营销的积极实践者。2005年8月，他们发布了专门针对

82

投资人的网站（www.ibm.com/investor），主要讨论商业和技术问题。IBM
还在公司内部网上提供博客系统，以鼓励（gǔlì, encourage）员工使用博
客，让员工意识到新技术应用的极大潜力（qiánlì, potential）。

Resource from: http://info.biz.hc360.com

Bókè yíngxiāo

Zuìjìn, B2B qǐyè de yíngxiāo rényuán kāishǐ lìyòng xīn de méitǐ—bó-
kè jìnxíng gōutōng. Hěn duō zhīmíng gōngsī dōu shì bókè yíngxiāo de
shíjiànzhě.

VisaUSA zài 2005 nián shí yuè fābù le tāmen de dìyī ge bókè Dūlíng
zhī Lǚ. Zhège bókè wǎngzhàn yǐ Dōng'àohuì tǐyù xīnwén wéi nèiróng
zhǔtí. Zhídé zhùyì de shì, Visa méiyǒu tèbié tuīguǎng zhège bókè
wǎngzhàn, wǎngzhàn huàmiàn hé nèiróng zhōng yě hěn shǎo tídào Visa
gōngsī. Tāmen de mùdì shì xiǎng kǎochá zhège bókè de xuānchuán
nénggòu dádào shénme xiàoguǒ. Jiéguǒ xiǎnshì, wǎngzhàn yònghù
búduàn fāzhǎn, 2006 nián yī yuèfèn dìyī zhōu de dúzhě rénshù dádào yí
wàn rén.

IBM yě shì xīn yíngxiāo de jījí shíjiànzhě. 2005 nián bā yuè, tāmen
fābù le zhuānmén zhēnduì tóuzīrén de wǎngzhàn, zhǔyào tǎolùn shāngyè
hé jìshù wèntí. IBM hái zài gōngsī nèibù wǎngshàng tígōng bókè xìtǒng,
yǐ gǔlì yuángōng shǐyòng bókè, ràng yuángōng yìshídào xīn jìshù
yìngyòng de jí dà qiánlì.

1. 根据短文内容概括什么是"博客营销"。According to the text, what is "blog
marketing"?

2. VisaUSA建立博客的目的是什么？结果怎么样？ What's the purpose of VisaUSA's blog? What is the result?

3. IBM公司的博客有什么特点？ What characteristics does IBM's blog have?

4. 请登录文中提到的两个博客网站，谈谈你对它们的看法。 Please log on to two blog websites mentioned in the text, and talk about your view of them.

用展示（zhǎnshì, exhibition）提高销量

产品展示是让顾客通过观察、操作（cāozuò, operation）来充分了解产品的一种行为，目的（mùdì, purpose）是帮助顾客做出购买决定，从而达成销售目标。

毫无疑问，有说服力的展示能极大地促进产品（或服务）销售。下面就是一个成功案例：

在拜访（bàifǎng, visit）饭店时，某啤酒销售人员说"您好，我来这儿不是向您推销产品，而是为了做一个简单的试验（shìyàn, experiment）。"接着，他打开两瓶啤酒的瓶盖（其中一瓶是其企业的啤酒，另一瓶是已进店的啤酒），然后又盖住酒瓶并放到饭店冰箱里。一周之后，他再次来拜访该饭店。当从冰箱里拿出两瓶啤酒并重新打开之后，他的啤酒与第一次打开时一样泡沫（pàomò, bubble）丰富，而另一种啤酒则几乎没有什么泡沫。他的展示打动（dǎdòng, move）了很多顾客，因此成功地把啤酒卖进了很多饭店。

由此可见，产品展示能有效说明产品的功能以及它是如何满足顾客需求的，从而引起顾客的购买欲望（yùwàng, desire），为销售工作提供极大的支持。

Resource from: http://management.mainone.com

Yòng zhǎnshì tígāo xiāoliàng

Chǎnpǐn zhǎnshì shì ràng gùkè tōngguò guānchá, cāozuò lái chōngfèn liǎojiě chǎnpǐn de yì zhǒng xíngwéi, mùdì shì bāngzhù gùkè zuòchū gòumǎi juédìng, cóng'ér dáchéng xiāoshòu mùbiāo.

Háowú yíwèn, yǒu shuōfúlì de zhǎnshì néng jí dà de cùjìn chǎnpǐn (huò fúwù) xiāoshòu. Xiàmian jiùshì yí ge chénggōng ànlì:

Zài bàifǎng fàndiàn shí, mǒu píjiǔ xiāoshòu rényuán shuō "nín hǎo, wǒ lái zhèr bú shì xiàng nín tuīxiāo chǎnpǐn, érshì wèile zuò yí ge jiǎndān de shìyàn." Jiēzhe, tā dǎkāi liǎng píng píjiǔ de pínggài (qízhōng yì píng shì qí qǐyè de píjiǔ, lìng yì píng shì yǐ jìn diàn de píjiǔ), ránhòu yòu gàizhù jiǔpíng bìng fàngdào fàndiàn bīngxiāng lǐ. Yì zhōu zhīhòu, tā zàicì lái bàifǎng gāi fàndiàn. Dāng cóng bīngxiāng lǐ náchū liǎng píng píjiǔ bìng chóngxīn dǎkāi zhīhòu, tā de píjiǔ yǔ dìyī cì dǎkāi shí yí yàng pàomò fēngfù, ér lìng yì zhǒng píjiǔ zé jīhū méiyǒu shénme pàomò. Tā de zhǎnshì dǎdòng le hěn duō gùkè, yīncǐ chénggōng de bǎ píjiǔ màijìn le hěn duō fàndiàn.

Yóucǐ kějiàn, chǎnpǐn zhǎnshì néng yǒuxiào shuōmíng chǎnpǐn de gōngnéng yǐjí tā shì rúhé mǎnzú gùkè xūqiú de, cóng'ér yǐnqǐ gùkè de gòumǎi yùwàng, wèi xiāoshòu gōngzuò tígōng jí dà de zhīchí.

1. 用自己的话解释什么是"产品展示"。Explain what "product exhibition" is in your own words.

_____

_____

_____

_____

2. 请简单介绍一下案例中某啤酒销售人员的产品展示过程。Briefly talk about the product exhibition process of the beer salesman in the case.

_____

_____

3. 从这个案例可以看出，产品展示有什么作用？ From the case above, what role does product exhibition play?

_____

_____

_____

_____

八、实践时间。Practice time.

国内某化妆品有限责任公司于20世纪80年代初开发出适合东方女性需求特点的系列化妆品，并在多个国家获得了专利保护。营销部经理初步分析了亚洲各国和地区的情况，首选日本作为主攻市场。为迅速掌握日本市场的情况，公司派人员直赴日本，主要运用调查法搜集一手资料。调查显示，日本市场需求潜量大，购买力强，且没有同类产品竞争者，使公司人员兴奋不已。营销经理对前期工作感到相当满意，为确保成功，他正在思考再进行一次市场试验。

At the beginning of the 1980s, a domestic cosmetic company developed a series of cosmetics fit for eastern women, and received patent protection in a few countries. After analyzing Asian country's and regions' conditions, the marketing manager decided to choose Japan as its main market. In order to have a better understanding of the Japanese market, staff were sent to Japan to get first-hand information by doing research. Research showed that there was a great demand potential, strong purchasing power, and no competitors of similar products in Japan, which made the stall very exited. The marketing manager was very satisfied with the work done so far, and now he is thinking of doing additional market research in order to achieve success.

问题：请你为该公司营销经理提供几种进行市场试验的方法。

Please offer a few ways of conducting marketing research for the marketing manager of this company.

第8单元
财务管理

课堂活动

一、热身活动——和同伴讨论一下，以下理财方式你喜欢哪一种？你能说
说你的理财方式吗？Warm-up—Please discuss with your group members. Which
following financial management method do you like best? Can you talk about your method
of financial management?

- ☐ 银行储蓄 (yínháng chǔxù)
- ☐ 购买股票 (gòumǎi gǔpiào)
- ☐ 购买保险 (gòumǎi bǎoxiǎn)
- ☐ 购买房地产 (gòumǎi fángdìchǎn)
- ☐ 购买期货 (gòumǎi qīhuò)
- ☐ 购买外汇 (gòumǎi wàihuì)
- ☐ 购买基金 (gòumǎi jījīn)

二、猜词游戏。Guess word.

收入   支出   工资   费用   原材料   所得税

净利润　租金　预算　售后服务　开通　招聘

三、完成对话。Complete the dialogue.

总经理：今天我们开会讨论一下预算问题。明年的＿＿＿＿＿＿＿
　　　　＿＿＿＿＿＿＿＿＿＿＿？

部门经理：我们看过了。

总经理：那谈谈你们的想法吧。

人力资源部经理：经理，因为明年我们要＿＿＿＿新员
　　　　工，＿＿＿人力资源部的费用＿＿＿＿。

总经理：好的。研发部呢？

研发部经理：是这样，我们要进入国际市场，必
　　　　须＿＿＿新产品，我觉得应该＿＿＿10%
　　　　的研发费用。

总经理：嗯。可以。＿＿＿＿＿这样，我们的＿＿＿＿＿＿就要减少了。
　　　　会议结束我去和财务部商量一下。

四、下图是美味餐饮的收入和支出表，用"增加……投入"和"减少……费用"来描述图表。The following is a balance sheet for Delicious Food. Describe the pictures by using 增加……投入 and 减少……费用.

美味餐饮

时间	销售收入	工资支出	店面租金	其他费用
第一个月	100000元	20000元	10000元	12000元
第二个月	120000元	13000元	10000元	15000元
第三个月	110000元	18000元	12000元	8000元

五、讨论。Discussion.

有人说计划赶不上变化，预算没有实际价值，你是怎么想的？Some

people say plans can never catch up with changes, and budget doesn't have any practical value. What do you think?

六、角色扮演。Role play.

生产部今年虽然按计划完成了生产指标，但是生产成本超出了预算标准，财务部经理A要求生产部经理B在今年的生产中注意控制成本。Although Manufacturing Department has reached the production evaluation index this year, the cost of production exceeded the budget. Manager A of the Financial Department asks the Manager B of the Manufacturing Department to control the cost.

课后练习

一、听录音，回答问题。Listen to the recording and answer the questions.

1. 根据录音内容连线。Match the left with the right accrording to what you've heard.

售后服务　　　　　　增加　　　　5%
原材料
日常管理　　　　　　减少　　　　8%
人力资源
市场营销　　　　　　没有变化　　4%
技术研发

2. 根据录音内容完成表格。Fill in the blanks according to what you've heard.

开支项目	原因
市场营销	投放_____，加大广告_____
原材料	_____认为明年的价格会_____
技术研发	计划推出_____多种新产品

3. 赵经理最可能是哪个部门的？为什么？ Which department does manager Zhao probably work for? Why?

    A. 市场营销部   B. 财务部   C. 研发生产部

二、听录音，写拼音。Listen to the recording and write down the Pinyin.

| 收入 | 支出 | 工资 | 费用 | 原材料 |
| 利润 | 售后服务 | 预算 | 租金 | 所得税 |

三、连接词语和相应的意思。Match the following words with their meanings.

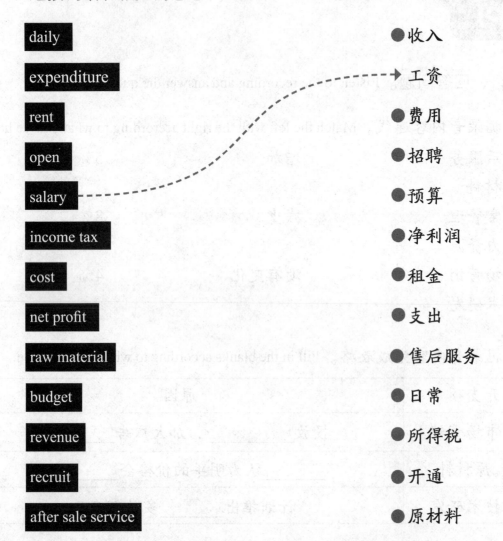

daily		收入
expenditure		工资
rent		费用
open		招聘
salary		预算
income tax		净利润
cost		租金
net profit		支出
raw material		售后服务
budget		日常
revenue		所得税
recruit		开通
after sale service		原材料

四、听录音，熟读下列句子。Listen to the recording and practice reading the following sentences until you can say them fluently.

1. 我们应该增加3％的售后服务投入。
2. 那我们只能减少日常管理费用了。
3. 增加这笔钱作什么呢？
4. 明年要招聘新员工，人力资源的费用也得增加。
5. 我们得和财务经理好好谈谈。

五、选词填空。Fill in the blanks with the words given.

增加　　　　减少　　　　开通　　　　招聘　　　　方便

1. Skype现在在中国有2350万用户，今后会越来越好，每天会_____17万用户。
2. 微软公司喜欢_____创新型的员工。
3. Dell 公司_____了免费800客户服务热线。
4. 北京电信为_____用户开通了多种业务受理渠道。
5. 希望国家能够尽快净化汽车消费市场，_____收费项目。

六、阅读短文，回答问题。Read the text and answer the questions.

一件商业贿赂丑闻（huìlùchǒuwén, bribery scandal）

2006年11月，某世界知名公司总部和一些高管的住宅同时遭到了德国多个部门的搜查（sōuchá, investigation）。警方当场逮捕（dàibǔ, arrest）了6名职员，并扣押（kòuyā, detain）了大量文件。21天之后，一位该公司前销售职员提供了大量材料，指证（zhǐzhèng, charge）该公司在很多海外交易中进行商业贿赂。目前，一些国家和地区先后宣布对该公司曾经参与的项目进行调查。

2002年后，德国禁止跨国企业的国外机构进行商业贿赂活动。但是，要守法就要失去利润，要获得利润就要违法（wéifǎ, violate the law）。在这种矛盾（máodùn, contradiction）面前，这家公司选择了后者。然而无视政府的法律，也就意味着灾难的主要责任将由该公司自己来承担（chéngdān, undertake）。

但是，该公司的一些高管认为德国政府不应该只抓住该公司的问题不放。因为在他们看来，商业贿赂其实是一条跨国公司争夺市场的潜在（qiánzài, hidden）规则。

德国国家电视台的一项调查显示，有近87%的德国民众对该公司当前的表现感到"十分失望"。

Resource from: http://tech.qq.com

Yí jiàn shāngyè huìlù chǒuwén

2006 nián 11 yuè, mǒu shìjiè zhīmíng gōngsī zǒngbù hé yìxiē gāoguǎn de zhùzhái tóngshí zāodào le Déguó duō ge bùmén de sōuchá. Jǐngfāng dāngchǎng dàibǔ le 6 míng zhíyuán, bìng kòuyā le dàliàng wénjiàn. 21 tiān zhīhòu, yí wèi gāi gōngsī qián xiāoshòu zhíyuán tígōng le dàliàng cáiliào, zhǐzhèng gāi gōngsī zài hěn duō hǎiwài jiāoyì zhōng jìnxíng shāngyè huìlù. Mùqián, yìxiē guójiā hé dìqū xiānhòu xuānbù duì gāi gōngsī céngjīng cānyù de xiàngmù jìnxíng diàochá.

2006 nián hòu, Déguó jìnzhǐ kuàguó qǐyè de guówài jīgòu jìnxíng shāngyè huìlù huódòng. Dànshì, yào shǒufǎ jiù yào shīqù lìrùn, yào huòdé lìrùn jiù yào wéifǎ. Zài zhèzhǒng máodùn miànqián, zhè jiā gōngsī xuǎnzé le hòuzhě. Rán'ér wúshì zhèngfǔ de fǎlǜ, yě jiù yìwèizhe zāinàn de zhǔyào zérèn jiāng yóu gāi gōngsī zìjǐ lái chéngdān.

Dànshì, gāi gōngsī de yìxiē gāoguǎn rènwéi Déguó zhèngfǔ bù yīnggāi zhǐ zhuāzhù gāi gōngsī de wèntí bú fàng. Yīnwèi zài tāmen kànlái, shāngyè huìlù qíshí shì yì tiáo kuàguó gōngsī zhēngduó shìchǎng de qiánzài guīzé.

Déguó Guójiā Diànshìtái de yí xiàng diàochá xiǎnshì, yǒu jìn 87% de Déguó mínzhòng duì gāi gōngsī dāngqián de biǎoxiàn gǎndào "shífēn shīwàng".

1. 请你简单介绍一下对这起商业贿赂案的调查情况。Please briefly talk about the investigation of this bribery case.

2. 这家公司为什么会出现商业贿赂丑闻？应该由谁来承担责任？
Why does this company have business bribery scandal? Who should bear the responsibility?

3. 这家公司的高管同意德国政府对该公司的做法吗？为什么？
Does the top management of this company agree with what the government has done? Why?

4. 德国民众对这家公司的贿赂丑闻是什么态度？你对这件事有什么看法？What's the German people's attitude towards the scandal associated with this company? What's your opnion?

中国信贷消费调查

国家统计局中国经济景气（jǐngqì, boom）监测中心与万事达卡国际组织在2001年共同发布过一份中国居民信贷消费调查结果。

调查发现，人们对信贷消费概念的认知度（rènzhīdù, recognition）有了新的提高。具体来说，男性强于女性，高学历者强于低学历者，月收入1501元以上的中、高收入者强于月收入1500元以下的低收入者，24至35岁的中、青年强于其他年龄组人群。

在推广信贷消费方面，国有银行仍然发挥着绝对主导（zhǔdǎo, leading）作用。这次调查显示有89.9%的被访者将国有银行作为其信贷消费的首选金融机构。但从被访者的年龄构成看，非国有银行正吸引着越来越多的中、青年人群。

调查还显示，被访者在过去六个月中信贷消费的前五个对象依次（yīcì, one by one）是：住房及装修（zhuāngxiū, decoration）、教育、汽车、大件家用电器和日常生活用品。其中住房、教育和汽车是目前中国信贷消费的主体。

Resource from: http://www.lianghui.org.cn

Zhōngguó xìndài xiāofèi diàochá

Guójiā Tǒngjì Jú Zhōngguó Jīngjì Jǐngqì Jiāncè Zhōngxīn yǔ
Wànshìdá kǎ guójì zǔzhī zài 2001 nián gòngtóng fābù guò yí fèn

Zhōngguó jūmín xìndài xiāofèi diàochá jiéguǒ.

Diàochá fāxiàn, rénmen duì xìndài xiāofèi gàiniàn de rènzhīdù yǒu le xīn de tígāo. Jùtǐ láishuō, nánxìng qiángyú nǚxìng, gāoxuélìzhě qiáng yú dīxuélìzhě, yuè shōurù 1501 yuán yǐshàng de zhōng, gāo shōurùzhě qiáng yú yuè shōurù 1500 yuán yǐxià de dī shōurù zhě, 24 zhì 35 suì de zhōng, qīngnián qiáng yú qítā niánlíng zǔ rénqún.

Zài tuīguǎng xìndài xiāofèi fāngmiàn, guóyǒu yínháng réngrán fāhuī zhe juéduì zhǔdǎo zuòyòng. Zhè cì diàochá xiǎnshì yǒu 89.9% de bèifǎngzhě jiāng guóyǒu yínháng zuòwéi qí xìndài xiāofèi de shǒuxuǎn jīnróng jīgòu. Dàn cóng bèifǎngzhě de niánlíng gòuchéng kàn, fēi guóyǒu yínháng zhèng xīyǐn zhe yuèláiyuè duō de zhōng, qīngnián rénqún.

Diàochá hái xiǎnshì, bèifǎngzhě zài guòqù liù gè yuè zhōng xìndài xiāofèi de qián wǔ ge duìxiàng yīcì shì: Zhùfáng jí zhuāngxiū, jiàoyù, qìchē, dàjiàn jiāyòng diànqì hé rìcháng shēnghuó yòngpǐn. Qízhōng zhùfáng, jiàoyù hé qìchē shì mùqián Zhōngguó xìndài xiāofèi de zhǔtǐ.

1. 在对信贷消费概念的认知方面，这次调查发现不同人群有什么不一样？ Regarding the concept of credit consumption, what's the difference among the groups of people according to the survey?

2. 关于中国居民选择信贷消费的金融机构，这次调查有什么发现？ What has this survey found concerning the financial institutions that are the choices for credit consumption by Chinese people?

3. 中国居民信贷消费的主要对象是什么？你觉得应该怎样解释这个调查结果？What are the main targets of the Chinese people's credit consumption? How may the result of the survey be explained in your opinion?

_____

_____

七、实践时间 Practice time.

1. 下图是联想集团1997—2005财年财务指标情况汇总表，请简单描述并分析一下财务情况。

The figure below is the financial index reporting form of Lenovo Corporation for the fiscal years 1997-2005. Please briefly describe and analyze the corporation's financial condition.

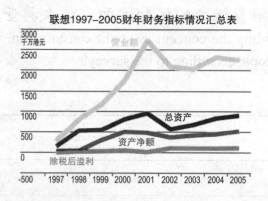

2. 如果你是一个银行的理财顾问，现在有一个家庭需要请你为他们安排自己的投资理财计划，请为其设计理财方案。

Assume you are a financial consultant of a bank and a family needs your financial planning assistance. Please design a financial solution for the family below.

> 夫妻俩25岁左右，大学毕业，结婚一年，没有孩子。丈夫在外企工作，月工资5000元；妻子在国家机关工作，月工资2000元。他们现在租房子住，打算两三年以后要一个孩子，还有五年内买房子和买车的计划。

第9单元
商业咨询

課堂活动

一、热身活动——和同伴讨论一下，美国的星巴克咖啡想进入日本市场，你们需要为星巴克简单制定一个进入日本市场的计划。可以考虑下面列出的几个因素。Warm-up—Please discuss with your group members. Please make a plan for Starbucks' entrance into the Japanese market.The things below can be taken into consideration.

- 产品种类 (chǎnpǐn zhǒnglēi)
- 服务 (fúwù)
- 宣传 (xuānchuán)
- 选址 (xuǎn zhǐ)
- 店面设计 (diànmiàn shèjì)
- 装修 (zhuāngxiū)

二、猜词游戏。Guess word.

商业咨询　　解决方案　　信心　　跨国公司　　本土化

三、词语搭配游戏。Word match.

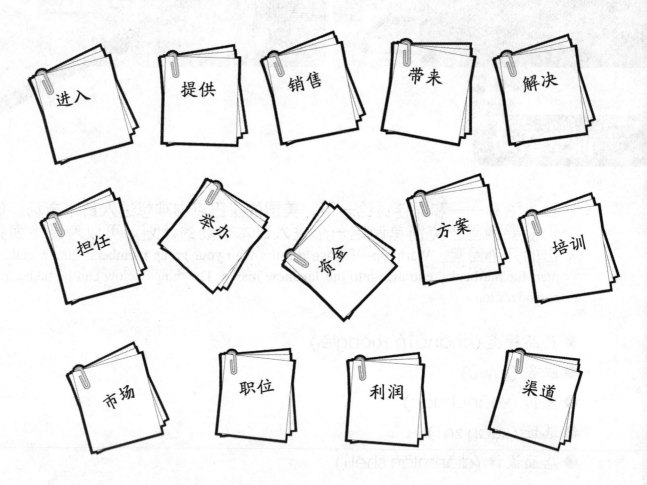

四、用所给句型描述图片。Describe the pictures by using the given sentence structures.

1. "向……+ 动词"
   火车向_____开去。 王梅向河边_____去。

2. "……给……带来……"
　　_____给我们带来了美味的_____。　　_____给我们带来了咖啡文化。

3. "……已经……了"
　　刘明已经_____了。　　飞机票已经_____了。　　这家公司已经____了。

五、完成对话。Complete the dialogue.

韩国婚纱店：您好！我们公司现在想进入中国市场。你们公司可以＿＿＿我们＿＿＿可行性报告吗？
中国咨询公司：当然可以。
韩国婚纱店：你们觉得我们什么时候＿＿＿＿中国市场会容易＿＿＿？
中国咨询公司：春天、夏天会＿＿＿容易。＿＿＿那时候很多人结婚。
韩国婚纱店：好的，你们＿＿＿帮我们调查，我们可以＿＿＿＿资金。
中国咨询公司：没问题。我们＿＿＿中国市场很＿＿＿＿。
韩国婚纱店：我们有很多经营的＿＿＿，我很有＿＿＿，但＿＿＿化经营需要你们的帮助。
中国咨询公司：嗯，好。您放心。

六、角色扮演。Role Play.

1. 你跟朋友新成立了一个管理咨询公司，商量怎样设计宣传广告吸引客户，并招聘优秀的管理咨询顾问。（要求：对话内容应包括公司简介及管理咨询顾问招聘条件和联系方式）

   Your friend and you have set up a management consulting company, and you are going to discuss how to place an advertisement to attract clients and recruit excellent management consultants. (Requirement: Your dialogue should contain a brief introduction of your company, the recruitment requirements of management consultants, and contacts.)

2. 和你的同伴分饰A和B。A是某管理咨询公司的咨询顾问，B是某公司人力资源部经理，B所在公司最近人才流失很严重，所以他到A公司来咨询关于绩效考评与薪酬设计的问题，A询问了他公司的基本情况后给他进行了分析，而且提出了很多有效建议。

   Your partner and you play the roles of A and B respectively. A is a consultant of a management consulting company. B is the manger of the HR department of a company. B's company has got a serious problem of talent loss; therefore, B came to consult A about the issue of performance evaluation and salary design. After getting some basic information regarding B's company, A made an analysis and put forward many constructive suggestions.

课后练习

一、听录音，回答问题。Listen to the recording and answer the questions.

1. 根据录音内容填空。Fill in the blanks according to what you've heard.

(1) 企业_____咨询可以帮助员工提高_____、理解力和有效工作的能力。

(2) 咨询师可以向咨询人_____建议，并设计行动_____。

(3) 咨询能让员工更加_____，帮助员工重新_____问题，并想办法解决问题。

2. 在帮助企业内部沟通时，咨询师需要做什么？（多选）What needs a consultant do when helping the internal communication of a company? (multiple choice)

A. 发现员工的感情问题　　　B. 给员工带来安慰
C. 向员工解释公司政策　　　D. 向管理层解释员工意见

3. 根据录音内容，你认为什么是企业管理咨询？它有什么作用？这种咨询和课文对话中的咨询有什么不同？Accroding to the recording, what is management consulting? What roles does it play? What's the difference between this consulting and the consulting in the dialogue of the text?

二、听录音，写拼音。Listen to the recording and write down the Pinyin.

| 提供 | 咨询 | 跨国公司 | 本土化 |

| 渠道 | 厂房 | 法律 | 合资 |

三、连接词语和相应的意思。Match the following words with their meanings.

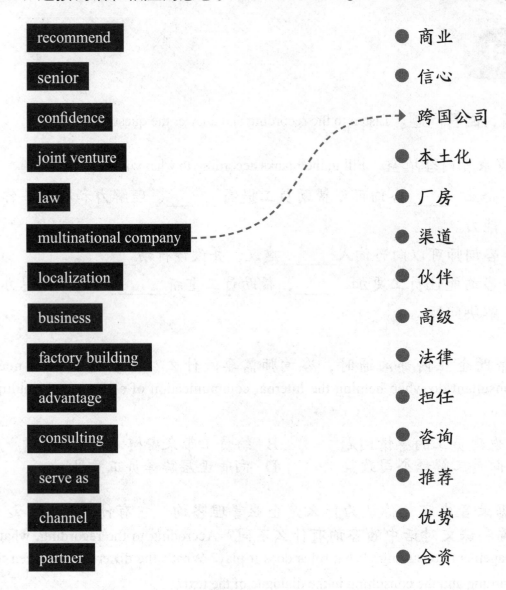

recommend	商业
senior	信心
confidence	跨国公司
joint venture	本土化
law	厂房
multinational company	渠道
localization	伙伴
business	高级
factory building	法律
advantage	担任
consulting	咨询
serve as	推荐
channel	优势
partner	合资

四、听录音，熟读下列句子。Listen to the recording and practice reading the following sentences until you can say them fluently.

1. 我们向客户提供各种实用的解决方案。

2. 我们有信心给我们的客户带来利润。

3. 他们都有自己不同的管理或销售优势。

4. 我们可以提供合资企业的资金、技术和厂房。

5. 你对当地的企业一定很了解。

五、选词填空。Fill in the blanks with the words given.

1. 向　　对
(1) 百度首次_____ "个人用户搜索" 这一项目进行收费。
(2) 柯达_____中国市场进军。

2. 优势　　劣势
(1) 格兰仕的产品因为价格_____成功进入国际市场，占有30%
的市场份额。
(2) 这个品牌的打印机在中国处于_____地位，只占有15%的市场
份额。

六、连句子，组成对话。Make dialogues by matching the sentences on the right side to the ones on the left.

明年的预算计划你看了吗？　　　可以，但得和财务经理好好谈谈。

增加的这笔费用做什么呢？　　　看过了，我觉得我们应该增加售后服务费。

我们可以减少日常管理费用吗？　这笔钱用来开通800免费客户服务电话。

七、阅读短文，回答问题。Read the following text and answer the questions.

中国的咨询业

咨询已经进入人们生活的各个方面，包括医疗、文化、娱乐、教育等等。目前，世界500强的企业中有50%左右的公司拥有自己长期合作的国际著名咨询公司。美国的AT&T公司就有1000多家咨询公司为它咨询，每年投入的咨询费用高达3亿多美元。

中国的咨询业是借鉴（jièjiàn, learn from）日本和欧美国家企业的理论、经验发展起来的。20世纪80年代，中国的咨询业开始发展。它首先起源于政府创办（chuàngbàn, found）的咨询企业，主要集中在投资、科技和财务咨询领域。20世纪90年代初期，中国的信息咨询业开始进入

起步（qǐbù, initial）发展阶段，但管理咨询业仍处在初级发展阶段。90年代中期，国外的管理咨询公司大批进入中国市场。中国的管理咨询业开始起步，并进入专业化发展阶段。到90年代末期，市场上开始出现中国国内的管理咨询公司。目前，中国的管理咨询业迅速发展。北京、上海等地的优秀管理咨询企业，已经在实践中获得了顾客的信任。

Resource from:http://finance.sina.com.cn

Zhōngguó de zīxúnyè

Zīxún yǐjīng jìnrù rénmen shēnghuó de gègè fāngmiàn, bāokuò yīliáo, wénhuà, yúlè, jiàoyù děngděng. Mùqián, shìjiè 500 qiáng de qǐyè zhōng yǒu 50% zuǒyòu de gōngsī yōngyǒu zìjǐ chángqī hézuò de guójì zhùmíng zīxún gōngsī. Měiguó de AT&T gōngsī jiù yǒu 1000 duō jiā zīxún gōngsī wèi tā zīxún, měinián tóurù de zīxún fèiyong gāodá 3 yì duō měiyuán.

Zhōngguó de zīxúnyè shì jièjiàn Rìběn hé Ōu Měi guójiā qǐyè de lǐlùn, jīngyàn fāzhǎn qǐlái de. 20 shìjì 80 niándài, Zhōngguó de zīxúnyè kāishǐ fāzhǎn. Tā shǒuxiān qǐyuányú zhèngfǔ chuàngbàn de zīxún qǐyè, zhǔyào jízhōng zài tóuzī, kējì hé cáiwù zīxún lǐngyù. 20 shìjì 90 niándài chūqī, Zhōngguó de xìnxī zīxúnyè kāishǐ jìnrù qǐbù fāzhǎn jiēduàn, dàn guǎnlǐ zīxúnyè réng chǔzài chūjí fāzhǎn jiēduàn. 90 niándài zhōngqī, guówài de guǎnlǐ zīxún gōngsī dàpī jìnrù Zhōngguó shìchǎng. Zhōngguó de guǎnlǐ zīxúnyè kāishǐ qǐbù, bìng jìnrù zhuānyèhuà fāzhǎn jiēduàn. Dào 90 niándài mòqī, shìchǎng shàng kāishǐ chūxiàn Zhōngguó guónèi de guǎnlǐ zīxún gōngsī. Mùqián, Zhōngguó de guǎnlǐ zīxúnyè xùnsù fāzhǎn. Běijīng, Shànghǎi děng dì de yōuxiù guǎnlǐ zīxún qǐyè, yǐjīng zài shíjiàn zhōng huòdé le gùkè de xìnrèn.

1. 咨询服务包括哪些内容？What does the consulting service involve?

2. 世界知名的企业在咨询方面是怎么做的？ What do world famous companies do as far as consulting is concerned?

3. 请根据文章完成表格，总结中国咨询业的发展过程。Fill in the form according to the text. Summarize the development of the Chinese consulting industry.

时间	发展情况
20世纪80年代	
20世纪90年代初期	
20世纪90年代中期	
20世纪90年代末期	
目前	

某大型企业集团财务管理咨询案例

　　某大型企业集团是一家集机电（jīdiàn, machine and electricity）、化工（huàgōng, chemical engineering）、建筑、房地产于一身的大型企业集团，总资产26亿元。2003年，该集团公司急需建立更为规范（guīfàn, standard）的母子公司管理模式，于是聘请了某管理咨询公司，希望建立科学全面的预算管理体系。

　　该咨询公司项目组进入客户公司以后，对该集团现有管理模式进行了深入的了解，并对数十位中高层领导进行了访谈（fǎngtán, interview）。这样，项目组发现该集团在预算管理方面存在一些问题。

　　针对这些问题以及客户需求，项目组首先制定了适合该集团的全面预算管理制度。然后结合该集团各个子公司的业务特点，给五大专业子公司和集团公司本部分别建立了一套预算管理制度和配套的预算表格体系。项目组还对集团公司的财务管理制度进行了全面的清理（qīnglǐ, clean up），制定了完善的集团财务管理制度手册（shǒucè, brochure），为客户进行财务管理建立了良好的制度基础。

　　项目结束后，该管理咨询公司项目组的工作得到了客户的肯定。

Resource from: http://www.henicpa.org.cn

Mǒu dàxíng qǐyè jítuán cáiwù guǎnlǐ zīxún ànlì

　　Mǒu dàxíng qǐyè jítuán shì yì jiā jí jīdiàn, huàgōng, jiànzhù, fáng-dìchǎn yú yìshēn de dàxíng qǐyè jítuán, zǒng zīchǎn 26 yì yuán. 2003 nián, gāi jítuán gōngsī jíxū jiànlì gèng wéi guīfàn de mǔzǐ gōngsī guǎnlǐ móshì, yúshì pìnqǐng le mǒu guǎnlǐ zīxún gōngsī, xīwàng jiànlì kēxué quánmiàn de yùsuàn guǎnlǐ tǐxì.

　　Gāi zīxún gōngsī xiàngmù zǔ jìnrù kèhù gōngsī yǐhòu, duì gāi jítuán xiànyǒu guǎnlǐ móshì jìnxíng le shēnrù de liǎojiě, bìng duì shù shí wèi zhōnggāocéng lǐngdǎo jìnxíng le fǎngtán. Zhèyàng, xiàngmùzǔ fāxiàn gāi jítuán zài yùsuàn guǎnlǐ fāngmiàn cúnzài yìxiē wèntí.

　　Zhēnduì zhèxiē wèntí yǐjí kèhù xūqiú, xiàngmù zǔ shǒuxiān zhìdìng le shìhé gāi jítuán de quánmiàn yùsuàn guǎnlǐ zhìdù. Ránhòu jiéhé gāi jítuán gègè zǐgōngsī de yèwù tèdiǎn, gěi wǔ dà zhuānyè zǐgōngsī hé jítuán gōngsī běnbù fēnbié jiànlì le yí tào yùsuàn guǎnlǐ zhìdù hé pèitào de yùsuàn biǎogé tǐxì. Xiàngmùzǔ hái duì jítuán gōngsī de cáiwù guǎnlǐ zhìdù jìnxíng le quánmiàn de qīnglǐ, zhìdìng le wánshàn de jítuán cáiwù guǎnlǐ zhìdù shǒucè, wèi kèhù jìnxíng cáiwù guǎnlǐ jiànlì le liánghǎo de zhìdù jīchǔ.

Xiàngmù jiéshù hòu, gāi guǎnlǐ zīxún gōngsī xiàngmùzǔ de gōngzuò dédào le kèhù de kěndìng.

1. 案例中的企业集团是一家什么样的企业？它为什么要聘请管理咨询公司？ What kind of enterprise is the company in the case? Why does it need a consulting company?

_____

_____

_____

2. 为了分析客户的问题，咨询公司的项目组都做了什么？ What does the consulting company project team do in order to analyze the clients' problem?

_____

_____

_____

3. 为了解决客户的问题，项目组做了哪些事？ What does the consulting company's project team do in order to solve the clients' problem?

_____

_____

_____

_____

八、实践时间。Practice time.

1. 组织对话 Making dialogues

情景： 记者就家乐福经营特点与竞争优势等有关问题采访北京区中关村店经理。

Context: a reporter has an interview with the manager of the Zhongguancun branch of Carrefour about the operation features, competitive advantage, etc.

（经营特点提示：低价战略、规模化经营、连锁经营模式、选址模式、开店战略）

(Hints for the operation's features: low-price strategy, economy of scale, chain business mode, the mode of site selection, opening branch strategy)

2. 下面是对某房地产公司进行的分析报告，请根据报告内容制定解决方案。The following is an analysis report of a real estate company. Prepare a solution strategy according to the report.

业务类别：内部管理与人力资源管理咨询 Type of business: internal management and human resource management consulting

项目名称：某房地产企业集团管理咨询项目 Project name: the management consulting project of a real estate company

> 项目概况：
>
> 　　该客户是一家发展迅猛的成长型民营企业集团。从在深圳成立第一家公司，到目前它已经在北京、深圳、广州等城市拥有多家子公司。该客户目前面临高速扩张，而内部管理水平低已经成为一个主要的制约因素。
>
> 　　客户存在的问题：
>
> 　　组织管控：公司管理结构不完善，总部缺乏对子公司的有效监管；
>
> 　　绩效考核：集团及下属公司各部门的考核各自为政，有的部

门没有考核机制；绩效考核与薪酬联系不足；
招聘培训：招聘培训流程、制度不完善，培训不能迎合企业发展需求。

Brief introduction of this project:

The client is a fast growing private enterprise group. Since its first company was set up in Shenzhen, it has had many subsidiaries in Beijing, Shenzhen, Guangzhou, and other cities. At present, this group's poor internal management has become the main factor restricting its rapid expansion.

The problems of the client —

Management and control: The Group's management structure needs to be improved. Headquaters doesn't have effective control over its subsidiaries.

Performance appraisal: There is no standardization of performance appraisal in the Group and its subsidiaries, some departments do not have a performance appraisal, and there is a weak link between performance appraisal and salary.

Recruitment and training: the recruitment-and-training flow and system is not complete, the training is not suitable for the Group's growth.

第10单元
战略管理

一、热身活动——和同伴讨论一下，如果你是一家知名汽车企业的总裁，你会采取单一品牌的策略还是多品牌的策略？为什么？Warm-up—Please discuss with your group members. If you were the CEO of a well-known automobile enterprise, which strategy would you adopt, the one-brand strategy, or the multi-brand strategy? Why?

二、猜词游戏。Guess word.

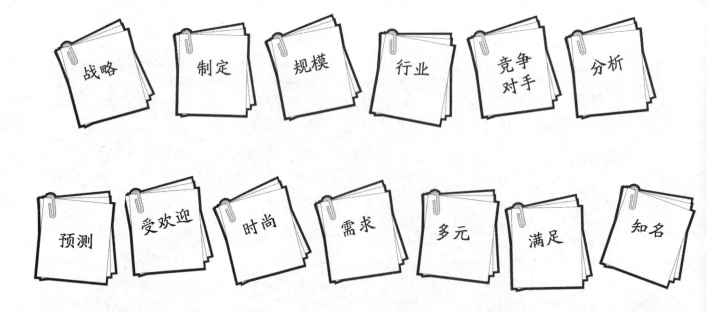

战略　　制定　　规模　　行业　　竞争对手　　分析

预测　　受欢迎　　时尚　　需求　　多元　　满足　　知名

三、词语搭配游戏。Word match.

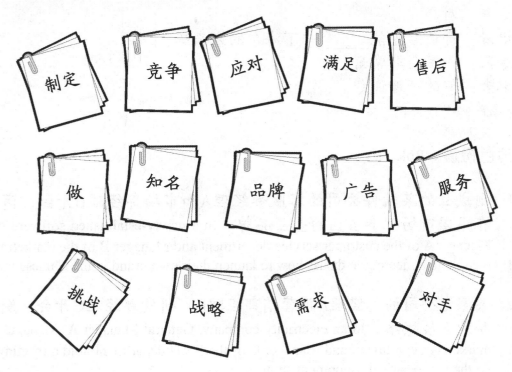

制定　　竞争　　应对　　满足　　售后

做　　知名　　品牌　　广告　　服务

挑战　　战略　　需求　　对手

四、用"……越来越受……"完成句子。Complete the sentences by using ……越来越受…….

(1) 耐克的运动鞋越来越受＿＿＿＿＿＿＿。
(2) 圣诞节在中国越来越受＿＿＿＿＿＿＿。
(3) 中国在世界上越来越受＿＿＿＿＿＿＿。

五、完成对话。Complete the dialogue.

记者：海尔的产品越来越受消费者＿＿＿＿了。您能＿＿＿＿一下原因吗？

专家：＿＿＿＿海尔在美国建厂，越来越受世界的＿＿＿＿。

记者：可是，海尔在美国的劳动力成本是中国的10倍，为什么海尔还会成功呢？

专家：呵呵，这是因为海尔＿＿＿＿了很好的战略。

记者：什么＿＿＿＿？

专家：差异化战略。海尔在美国＿＿＿＿＿＿的产品以小型冰箱为主，可以＿＿＿＿＿消费者对小型冰箱的需求，这＿＿＿＿＿其他企业不一样。

记者：噢，那您觉得中国企业要_____国际市场应该学习海尔的_____吗？

专家：对。

记者：那最后您能_____一下海尔的未来吗？

专家：一定会非常好。

记者：好的，谢谢您。

六、角色扮演。Role Play.

1. 刚成立的某软件公司的客服部经理A和市场部经理B开会，商讨如何在中国市场打造自己的企业品牌。In a newly-established software company, Manager A of the customer service department and Manager B of the marketing department hold a meeting to disuss how to launch their own brand in the Chinese market.

2. 某家电公司的总经理A跟营销部经理B、研发部经理C开会，制定下一年的发展战略。In an electricity company, General Manager A, Manager B of the marketing department, and Manager C of the R&D department hold a meeting to draw up the next-year's development strategy.

课后练习

一、听录音，回答问题。Listen to the recording and answer the questions.

1. 根据录音内容选择正确答案。Choose the right answer according to what you've heard.

(1) 公司计划把总部迁到哪里？

A. 北京　　　　B. 上海　　　　C. 香港

(2) 公司什么时候迁移总部？

A. 明年4月　　B. 今年10月　　C. 明年10月

2. 公司为什么要迁移总部？请根据录音内容填空。Why did the company move its headquaters? Fill in the blanks according to what you've heard.

(1) 应对_____，因为主要的_____已经把总部迁到了中国内地。

(2) 对公司在中国市场的发展有_____。

(3) 可以更好地_____中国内地市场。

(4) 公司在中国内地市场发展很_____，每年的_____都在增加，计划再开_____多家分店。

3. 如果你是一家跨国公司的中国地区总经理，你会选择中国的哪个城市作为总部？为什么？If you were a multinational company's general manager in the Chinese market, which city would you choose for the headquarters in China? Why?

```




```

二、听录音，写拼音。Listen to the recording and write down the Pinyin.

战略　　制定　　规模　　行业　　竞争

分析　　预测　　时尚　　多元

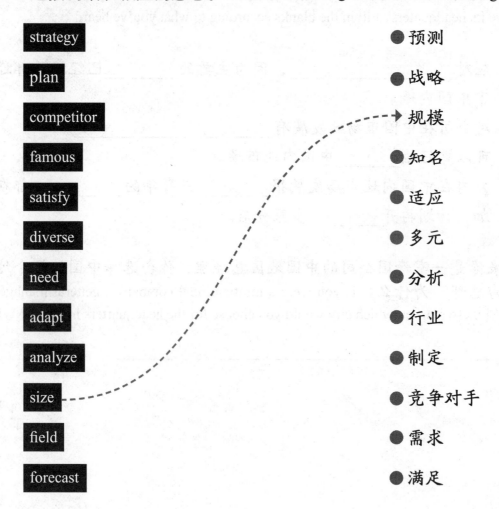

三、连接词语和相应的意思。Match the following word with their meanings.

strategy

plan

competitor

famous

satisfy

diverse

need

adapt

analyze

size

field

forecast

● 预测

● 战略

→ 规模

● 知名

● 适应

● 多元

● 分析

● 行业

● 制定

● 竞争对手

● 需求

● 满足

四、听录音，熟读下列句子。Listen to the recording and practice reading the following sentences until you can say them fluently.

1. 我们用最快的速度满足消费者的需求。

2. 我们要求自己一定要做出本土化的品牌。

3. 这几年阿迪达斯的运动鞋越来越受欢迎了。

4. 阿迪达斯好像已经改变了广告战略。

5. 在制定战略前，我们必须先了解客户公司的情况。

五、选词填空。Fill in the blanks with the words given.

1. 了解　　制定　　预测　　满足　　做出
   (1) 国际预测公司_____未来十年的世界雷达市场规模将达到400亿

美元。

(2) 格兰仕_____了贴牌生产的国际化战略。

(3) 在淘宝网上购物先要_____淘宝网的支付情况。

(4) 中国计划未来五年内_____国内粮食需求，并提高棉花、奶制品和肉类产量。

(5) 小企业可以制定低成本的战略_____大品牌。

2. 战略　　策略

(1) 实现网站推广需要更多的网站推广_____。

(2) 中国企业走出国门具有十分重要的_____意义。

(3) 中国的对外贸易现在实行的是引进来，走出去的_____。

3. 设备　　设施

(1) 我们厂需要购买进口涂料生产_____。

(2) 为准备2008年奥运会北京市加大了体育_____的投入。

六、连句子，组成对话。Make dialogues by matching the sentences on the right side to the ones on the left.

公司怎么了解各国消费者的需求呢？	是的，公司现在只选择知名的运动员做广告。
为什么这家公司的产品越来越时尚？	公司的员工来自40多个国家。
阿迪达斯公司改变了广告战略了吗？	因为设计是品牌运动鞋重要的组成部分。

七、阅读短文，回答问题。Read the text and answer the questions.

丰田的蜗牛（wōniú, snail）战略

　　2002年，丰田在全球的赢利超过了100亿美元，而通用只有十多亿美元。2003年，依靠在北美市场的成功，丰田以678万辆的总产量成为世界第二大汽车制造商。丰田在全球的每一次行动都非常谨慎（jǐnshēn, discreet），经常要在长时间的观望（guānwàng, watch）和大量的调查研究之后才做出决定。丰田这种厚积薄发（hòujī bófā, spontaneous burst-out driven by deep accumulation）的谨慎做法被称为"蜗牛战略"。

大众汽车的一位高层表示，作为中国产销量最大的汽车品牌，大众的真正挑战来自于丰田。因为丰田总是在谨慎的观望后，用它可怕的市场爆发力（bàofā lì, out-burst）迅速抢占（qiǎngzhàn, win）其他汽车品牌的市场。在北美市场，丰田依靠廉价（liánjià, cheap）的低油耗小型车（dī yóuhào xiǎoxíng chē, low fuel consumption mini car）抢占了通用、大众等品牌的市场份额。现在，这样的情况也可能在中国出现。

2003年初，丰田提出了"在2010年占据中国汽车市场10%的份额"的任务。2005年1月1日，丰田汽车平均降价2万元，这被看作是丰田"全面发力"（fālì, strength）的标志。

Resource from: http://auto.sina.com.cn

Fēngtián de wōniú zhànlüè

2002 nián, Fēngtián zài quánqiú de yínglì chāoguò le 100 yì měiyuán, ér Tōngyòng zhǐyǒu shí duō yì měiyuán. 2003 nián, yīkào zài Běiměi shìchǎng de chénggōng, Fēngtián yǐ 678 wàn liàng de zǒng chǎnliàng chéngwéi shìjiè dì'èr dà qìchē zhìzàoshāng. Fēngtián zài quánqiú de měi yí cì xíngdòng dōu fēicháng jǐnshèn, jīngcháng yào zài cháng shíjiān de guānwàng hé dàliàng de diàochá yánjiū zhīhòu cái zuòchū juédìng. Fēngtián zhèzhǒng hòujī bófā de jǐnshèn zuòfǎ bèi chēngwéi "wōniú zhànlüè".

Dàzhòng qìchē de yí wèi gāocéng biǎoshì, zuòwéi Zhōngguó chǎnxiāoliàng zuì dà de qìchē pǐnpái, Dàzhòng de zhēnzhèng tiǎozhàn láizì yú Fēngtián. Yīnwèi Fēngtián zǒngshì zài jǐnshèn de guānwàng hòu, yòng tā kěpà de shìchǎng bàofālì xùnsù qiǎngzhàn qítā qìchē pǐnpái de shìchǎng. Zài Běiměi shìchǎng, Fēngtián yīkào liánjià de dī yóuhào xiǎoxíng chē qiǎngzhàn le Tōngyòng, Dàzhòng děng pǐnpái de shìchǎng fēn'é. Xiànzài,

第10单元
战略管理

zhèyàng de qíngkuàng yě kěnéng zài Zhōngguó chūxiàn.

2003 niánchū, Fēngtián tíchū le "zài 2010 nián zhànjù Zhōngguó qìchē shìchǎng 10% de fèn'é" de rènwu. 2005 nián 1 yuè 1 rì, Fēngtián qìchē píngjūn jiàngjià liǎng wàn yuán, zhè bèi kàn zuò shì Fēngtián "quánmiàn fālì" de biāozhì.

1. 什么是"蜗牛战略"？ What is "snail strategy"?

2. 在"蜗牛战略"的指导下，丰田在全球市场的生产、销售情况怎么样？ What are TOYOTA's production and sales under "snail strategy"?

3. 大众在中国市场的销售情况怎么样？为什么大众认为真正的挑战来自丰田？ How are Volkswagen's sales in the Chinese market doing? Why does

119

Volkswagen believe that the real challenge comes from TOYOTA?

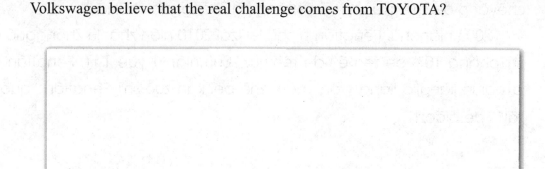

4. 丰田在中国市场的发展目标是什么？它采取了哪些行动？ What is TOYOTA's goal in the Chinese market? What measures has it taken?

中国最具价值著名诚信（chéngxìn, credibility）品牌500强

由世界品牌组织、世界著名企业联盟（liánméng, alliance）等组织联合推选的2006年度《中国最具价值著名诚信品牌500强》排行榜（páihángbǎng, ranking）于 2006年9月7日在北京揭晓（jiēxiǎo, announce），长江实业、中国石油、中国银行、宝钢股份、蒙牛乳业、一汽大众等榜上有名。

2006年度《中国最具价值著名诚信品牌500强》是世界著名品牌大会对中国大陆、香港、澳门、台湾1000多个运营良好的著名诚信品牌企业进行的全面调研评估。这次最具价值诚信品牌500强推选的标准是看这些企业的"诚信表现"，包括诚信建设、自主创新、开发创新、售后服务、合同签订、合同履行、消费者服务、投诉（tóusù, complain）

处理、事件处理、公共关系等十个指标（zhǐbiāo,index）。根据候选（hōuxuǎn,candidate）品牌各个指标的综合表现，通过一系列评选最后确定。

世界著名企业联盟执行主席表示，在市场不断规范、竞争日益激烈的今天，企业只有打造最具价值的诚信品牌，按照国家政策及时调整企业发展战略，才能在市场竞争中赢得主动。

Resource from: http://news.sina.com.cn

Zhōngguó zuì jù jiàzhí zhùmíng chéngxìn pǐnpái 500 qiáng

Yóu Shìjiè Pǐnpái Zǔzhī, Shìjiè Zhùmíng Qǐyè Liánméng děng zǔzhī liánhé tuīxuǎn de 2006 niándù "Zhōngguó zuì jù jiàzhí zhùmíng chéngxìn pǐnpái 500 qiáng" páihángbǎng yú 2006 nián 9 yuè 7 rì zài Běijīng jiēxiǎo, Chángjiāng Shíyè, Zhōngguó Shíyóu, Zhōngguó Yínháng, Bǎogāng Gǔfèn, Měngniú Rǔyè, Yīqì Dàzhòng děng bǎngshàng yǒumíng.

2006 niándù "Zhōngguó zuì jù jiàzhí zhùmíng chéngxìn pǐnpái 500 qiáng" shì Shìjiè Zhùmíng Pǐnpái Dàhuì duì Zhōngguó dàlù, Xiānggǎng, Àomén, Táiwān 1000 duō ge yùnyíng liánghǎo de zhùmíng chéngxìn pǐnpái qǐyè jìnxíng de quánmiàn diàoyán pínggū. Zhè cì zuì jù jiàzhí chéngxìn pǐnpái 500 qiáng tuīxuǎn de biāozhǔn shì kàn zhèxiē qǐyè de "chéngxìn biǎoxiàn", bāokuò chéngxìn jiànshè, zìzhǔ chuàngxīn, kāifā chuàngxīn, shòuhòu fúwù, hétong qiāndìng, hétong lǚxíng, xiāofèizhě fúwù, tóusù chǔlǐ, shìjiàn chǔlǐ, gōnggòng guānxi děng shí gè zhǐbiāo. Gēnjù hōuxuǎn pǐnpái gègè zhǐbiāo de zōnghé biǎoxiàn, tōngguò yí xìliè píngxuǎn zuìhòu quèdìng.

Shìjiè zhùmíng qǐyè liánméng zhíxíng zhǔxí biǎoshì, zài shìchǎng búduàn guīfàn, jìngzhēng rìyì jīliè de jīntiān, qǐyè zhǐyǒu dǎzào zuì jù jiàzhí de chéngxìn pǐnpái, ànzhào guójiā zhèngcè jíshí tiáozhěng qǐyè fāzhǎn zhànlüè, cái néng zài shìchǎng jìngzhēng zhōng yíngdé zhǔdòng.

1. 哪些企业获得了"中国最具价值著名诚信品牌"的称号？ Which enterprises are designated "the most valuable and creditable brand in China"?

_____

_____

_____

_____

2. 这次最具价值诚信品牌的推选标准是什么？ What's the criterion of this brand campaign?

_____

_____

_____

_____

3. 为了在竞争中赢得主动，企业应该怎么做？ What should an enterprise do in order to have the initiative in competition?

_____

_____

_____

_____

八、实践时间。Practice time.

1. 跨国公司所采取的战略不是一成不变的，而是要随着企业本身及经营环境的变化而变化。请调查一个你熟悉的跨国公司在中国的战略变化过程并分析其原因。The strategies multinational companies take are changing according to the companies themselves and business environment. Conduct a research on a multinational company which you're familiar with, pay attettion to its changing process of strategies in China, and analyze the factors.

2. 作为一个跨国大公司，可口可乐的成功要素有很多，但这些要素中，广告的准确定位是使其成功的最重要的法宝。可口可乐公司在中国的广告语在二十几年之间发生了几次变化，请根据下表分析可口可乐公司在中国树立品牌的过程。Coca Cola is a multinational corporation, and there are lots of factors leading to its success. However, among these factors, the most important one is accurate positioning of advertisements. The slogan of Coca Cola in China has changed quite a few times during the past two decades. Please analyze its process of establishing the brand in China according to the form below.

年份	可口可乐广告语	树立品牌的过程
1979	可口可乐添欢笑	
1983	这就是可口可乐	
1989	挡不住的感觉	
2003	抓住这感觉	
2004	要爽由自己	

第11单元
企业文化

一、热身活动——有很多企业认为比别的企业付出更多才有竞争力，才能获得更大的利润，加班是很平常的事情，已经变成一种企业文化；但是，也有很多企业认为员工的健康最重要。你觉得超时加班应该成为一种企业文化吗？为什么？Warm-up—Many companies think that competitiveness and profit come only from hard work. Therefore, for these companies, working overtime is so common that it has become part of company culture. However, there are many companies that attach great importance to employees' health. Do you think working overtime should become part of company culture? Why?

二、猜词游戏。Guess word.

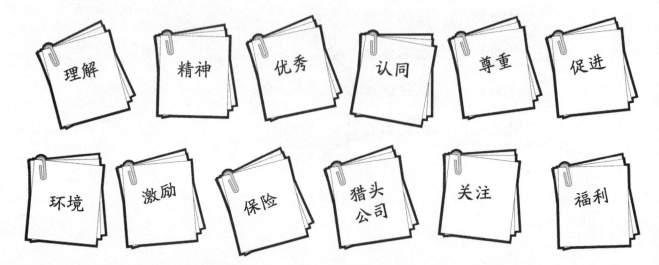

| 理解 | 精神 | 优秀 | 认同 | 尊重 | 促进 |

| 环境 | 激励 | 保险 | 猎头公司 | 关注 | 福利 |

三、词语搭配游戏。Word match.

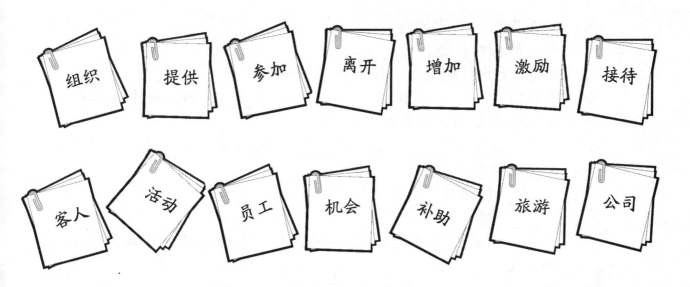

组织　提供　参加　离开　增加　激励　接待

客人　活动　员工　机会　补助　旅游　公司

四、用所给句型描述图片。Describe the pictures by using the given sentence structures.

1. 一……就……
李经理一加班
就_____。

金美丽一上街
就_____。

王明一下课
就去_____。

2. 除了……
除了_____，我们还
可以坐飞机去。

你到了北京以后，除了_____，
还可以给我发邮件。

巴西人除了_____，也爱玩网络游戏。

五、完成对话。Complete the dialogue.

男：好久不见，最近忙吗？

女：啊，你好啊！嗯，_____。

男：是吗? 听说你跳槽了，新工作怎么样？

女：比以前累_____，但是_____很好，_____的机会比以前多。

男：要注意身体啊，别累坏了。

女：哎！没办法。_____有项目_____要加班，很辛苦。

男：公司环境怎么样?

女：_____还不错。

男：_____呢？

女：非常好，我们公司40%都是年轻人，气氛很活跃。我非常喜欢这种企业文化。

男：那就好。你们公司什么时候还招聘员工，帮忙_____一下。

女：好，没问题。

六、口语练习。Oral practice.

1. 两人组织对话。Make a dialogue in pairs.

   情景：你去微软应聘，已经到了最后一个面试的环节，跟老总面谈时，他问到你对公司企业文化的理解，然后简要解答你对公司企业文化方面的问题。

   You are having an interview with Microsoft Corporation. It is the last part of your interview. The CEO asks about your understanding of company culture, and then briefly answers your questions about company culture.

2. 两人一组，各自向对方介绍一下你以前所在的公司或者你了解的一个企业的企业文化，然后对比两个公司的企业文化。Work in pairs and tell each other the company culture of a company which you've worked for before or you are familiar with. Then compare the two company's company cultures.

课后练习

一、听录音，回答问题。Listen to the recording and answer the questions.

1. 根据录音内容，把酒店与它们的文化特点连起来。Listen to the recording, and then match the hotel with its cultural characteristics.

四季　　　　　　　　企业发展的动力是客人的忠诚感
　　　　　　　　　　为客人提供个性化服务

希尔顿　　　　　　　相信客人是酒店的生命
　　　　　　　　　　企业的最大财富是员工

香格里拉　　　　　　目标是最大可能地开发员工的潜力
　　　　　　　　　　努力成为客人和人才的首选

2. 根据录音内容介绍一下这三个酒店的企业文化。Talk about the three hotels' company culture according to what you've heard.

```



```

3. 这三个酒店的企业文化有哪些相同点和不同点？对酒店行业来说，你认为最重要的文化内容是什么？为什么？What are the similarities and differences in the company culture of these three hotels? What's the most important part of culture for the hotel industry in your opinion? Why?

```



```

二、听录音，写拼音。Listen to the recording and write down the Pinyin.

| 理解 | 认同 | 优秀 | 促进 | 环境 |
| 福利 | 保险 | 公益 | 气氛 | 社会 |

三、连接词语和相应的意思。Match the following words with their meanings.

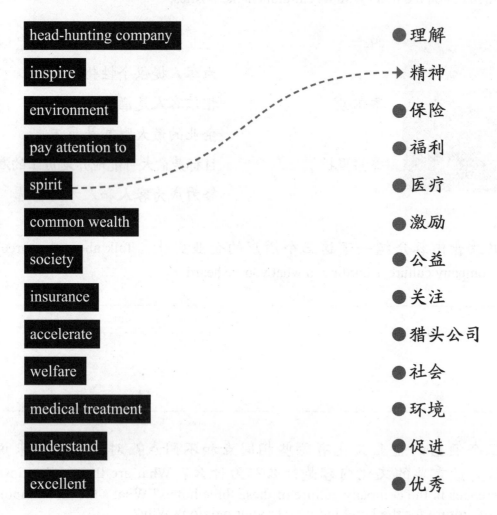

head-hunting company   ● 理解

inspire   → 精神

environment   ● 保险

pay attention to   ● 福利

spirit   ● 医疗

common wealth   ● 激励

society   ● 公益

insurance   ● 关注

accelerate   ● 猎头公司

welfare   ● 社会

medical treatment   ● 环境

understand   ● 促进

excellent   ● 优秀

四、听录音，熟读下列句子。Listen to the recording and practice reading the following sentences until you can say them fluently.

1. 有的企业为员工组织各种活动；有的企业有自己的杂志，给员工提供交流的机会：有的企业送优秀的员工去国外参加培训或旅游，作为员工的福利。

2. 员工对企业来说非常重要，互相尊重可以促进企业共同发展。

3. 星巴克在盈利的同时总是非常关注企业对社会的责任。

4. 如果你不能接受现在企业的文化，可以考虑换一下工作。

5. 除了收入，工作环境也特别重要，一定要考虑好。

五、选词填空。Fill in the blanks with the words given.

1. 已经　　以前　　目前　　一直　　于是
  (1) 西湖的面积跟_____比小了很多。
  (2) 格兰仕的总裁_____反对格兰仕上市。
  (3) 柯达知道提高价格不会给胶片带来多大的利润了，_____开始降价。
  (4) 中国_____制定了3项互联网国际标准。
  (5) _____，电子商务在我国有很大的发展。

2. 关注　　促进　　影响　　联系　　提升
  (1) TCL在欧洲市场先后并购施奈德、汤姆逊和阿尔卡特引起了世界的广泛_____。
  (2) 税收是怎样_____经济发展的？
  (3) 好的经理应该加强和员工的_____。
  (4) 企业应该不断提高经营力，_____管理水平。
  (5) 人民币升值对中国经济有非常大的_____。

六、连句子，组成对话。Make dialogues by matching the sentences on the right side to the ones on the left.

你的新工作怎么样？　　　　　　　　喜欢，我负责的工作多了，而且工作氛围也更轻松了。

你的收入跟以前比有什么变化？　　　非常好。我很满意。

你喜欢你的工作环境和内容吗？　　　收入比以前更高了，福利也很好。

七、阅读短文，回答问题。Read the following text and answer the questions.

剥（bō, peel）开不同企业文化的"橙子"

　　各个国家和地区的企业文化都像一个橙子。最外面的一层是象征物，如服装、语言等，就像橙子的皮。第二层是英雄（yīngxióng, hero）人物性格。它代表了这种文化中大多数人的性格，就像果肉。第三层是礼仪（lǐyí, etiquette）。它是每种文化对待人和自然的方式，就像橙子的味道。最里面一层是价值观，是文化中最深的部分，就像橙子的果核。

　　德国橙
　　象征：服装整洁，语言逻辑性（luójixìng, logic）强。
　　英雄性格：俾斯麦，马克思。
　　礼仪：不喜欢浪费时间。
　　价值观：严谨（yánjǐn, preciseness），追求完美，重视实效（shíxiào, actual effect）。

　　美国橙
　　象征：服装追求个性，语言幽默。
　　英雄性格：林肯，比尔·盖茨。
　　礼仪：无论职位高低，都直呼对方的名字。
　　价值观：自由，多元，喜欢冒险（màoxiǎn, risk），重视创新。

　　日本橙
　　象征：服装干净利索（lìsuo, simple），语言扼要（èyāo, concise）。
　　英雄性格：松下幸之助，黑泽明。
　　礼仪：重视职业形象和礼仪。
　　价值观：高度认同，以"和"为贵，重视团队。

Resource from: http://info.biz.hc360.com

Bōkāi bùtóng qǐyè wénhuà de "chéngzi"

Gègè guójiā hé dìqū de qǐyè wénhuà dōu xiāng yí ge chéngzi. Zuì wāimiàn de yì céng shì xiāngzhēngwù, rú fúzhuāng、yǔyán děng, jiù xiāng chéngzi de pí. Dì'èr céng shì yīngxióng rénwù xìnggé. Tā dàibiǎo le

zhèzhǒng wénhuà zhōng dàduōshù rén de xìnggé, jiù xiàng guǒròu. Dìsān
céng shì lǐyí. Tā shì měi zhǒng wénhuà duìdài rén hé zìrán de fāngshì, jiù
xiàng chéngzi de wēidao. Zuì lǐmiàn yì céng shì jiàzhíguān, shì wénhuà
zhōng zuì shēn de bùfen, jiù xiàng chéngzi de guǒhé.

<u>Déguó chéng</u>

Xiàngzhēng: fúzhuāng zhěngjié, yǔyán luójíxìng qiáng.

Yīngxióng xìnggé: Bǐsīmài, Mǎkèsī.

Lǐyí: bù xǐhuan làngfèi shíjiān.

Jiàzhíguān: yánjǐn, zhuīqiú wánměi, zhòngshì shíxiào.

<u>Měiguó chéng</u>

Xiàngzhēng: fúzhuāng zhuīqiú gèxìng, yǔyán yōumò.

Yīngxióng xìnggé: Línkěn, Bǐ'ěr · Gàicí.

Lǐyí: wúlùn zhíwèi gāo dī, dōu zhí hū duìfāng de míngzi.

Jiàzhíguān: zìyóu, duōyuán, xǐhuan màoxiǎn, zhòngshì chuàngxīn.

<u>Rìběn chéng</u>

Xiàngzhēng: fúzhuāng gānjìng lìsuo, yǔyán èyào.

Yīngxióng xìnggé: Sōngxià Xìngzhīzhù, Hēizé Míng.

Lǐyí: zhòngshì zhíyè xíngxiàng hé lǐyí.

Jiàzhíguān: gāodù rèntóng, yǐ "hé" wéi guì, zhòngshì tuánduì.

1. 为什么说各个国家和地区的企业文化像橙子？它包括哪些部分？请你画图来说明。Why does the author compare company culture to an orange? What is it comprised of? Draw to illustrate the idea.

2. 请根据文中内容，把国家与它们的文化特点连起来。Match the countries

with their own cultural characteristics according to the text.

德国	重视职业形象
	讨厌浪费时间
美国	直呼老板的名字
	喜欢冒险和创新
日本	追求完美
	重视整体和团队

3. 同样是西方国家，德国企业和美国企业的文化有什么不同？What are the differences between German company culture and American company culture?

4. 文中的英雄人物各具有什么性格？请根据你的理解完成表格。What characteristics do the heroes mentioned in the text have? Fill in the form according to your own understanding.

英雄人物	性格
俾斯麦	
马克思	
林肯	
比尔·盖茨	
松下幸之助	
黑泽明	

IBM连续第四次获得"中国大学生最佳雇主"奖

在2006年"中国大学生最佳雇主奖" 颁奖典礼（bānjiǎng diǎnlǐ, award ceremony）上，IBM公司连续第四次以外资企业第一名的身份获得该奖。IBM、联想、宝洁、华为、海尔、中国移动、微软、腾讯、西门子、通用电气位列前十，同时一共有50家企业当选最佳雇主。

从该奖设立以来，IBM公司一直保持外资企业第一名的位置。这与IBM公司一直坚持对大学生的人才培养分不开。IBM每年的实习生计划由"蓝色之路"学生实践计划和"青出于蓝"IBM中国研究院全球项目两部分组成。这些实习计划为学员提供了一条从 门外汉（ménwàihàn, outsider）到合格从业者所应该经历的最佳学习 途径（tújìng, way）。除了针对大学生的实习生计划外，IBM公司具有竞争力的 薪酬（xīnchóu, salary）福利制度、完善的员工培训和发展机制，以及蓝色巨人 深厚（shēnhòu, profound）的企业文化，都是企业吸引高端人才的 法宝（fǎbǎo, weapon）。员工在IBM公司不但能发挥自己的优势，还能在公司的帮助下成长为具有国际竞争力的高层次、复合型、创新型人才。

Resource from: http://bluepathway2007.chinahr.com

IBM liánxù dìsì cì huòdé "Zhōngguó dàxuéshēng zuì jiā gùzhǔ" jiǎng

Zài 2006 nián "Zhōngguó dàxuéshēng zuìjiā gùzhǔ jiǎng" bānjiǎng diǎnlǐ shàng, IBM gōngsī liánxù dìsì cì yǐ wàizī qǐyè dìyī míng de shēnfèn huòdé gāi jiǎng. IBM, Liánxiǎng, Bǎojié, Huáwéi, Hǎi'ěr, Zhōngguó Yídòng, Wēiruǎn, Téngxùn, Xīménzǐ, Tōngyòng Diànqì wèi liè qián shí, tóngshí yígòng yǒu 50 jiā qǐyè dāngxuǎn zuì jiā gùzhǔ.

Cóng gāi jiǎng shèlì yǐlái, IBM gōngsī yìzhí bǎochí wàizī qǐyè dìyī míng de wèizhi. Zhè yǔ IBM gōngsī yìzhí jiānchí duì dàxuéshēng de réncái péiyǎng fēn bù kāi. IBM měi nián de shíxíshēng jìhuà yóu "lánsè zhī lù" xuésheng shíjiàn jìhuà hé "qīng chūyú lán" IBM Zhōngguó yánjiūyuàn quánqiú xiàngmù liǎng bùfen zǔchéng. Zhèxiē shíxí jìhuà wèi xuéyuán tígōng le yì tiáo cóng ménwàihàn dào hégé cóngyè zhě suǒ yīnggāi jīnglì de zuì jiā xuéxí tújìng. Chúle zhēnduì dàxuéshēng de shíxíshēng jìhuà wài, IBM gōngsī jùyǒu jìngzhēnglì de xīnchóu fúlì zhìdù、wánshàn de yuángōng péixùn hé fāzhǎn jīzhì、yǐjí lánsè jùrén shēnhòu de qǐyè wénhuà, dōu shì qǐyè xīyǐn gāoduān réncái de fǎbǎo. Yuángōng zài IBM gōngsī búdàn néng fāhuī zìjǐ de yōushì, hái néng zài gōngsī de bāngzhù xià chéngzhǎng wéi jùyǒu guójì jìngzhēnglì de gāocéngcì, fūhéxíng, chuàngxīnxíng réncái.

1. 哪些企业获得了2006年"中国大学生最佳雇主奖"的前十名？What are the top ten companies of "Chinese college students' best employers 2006"?

_____

_____

_____

_____

2. IBM公司为大学生提供哪些实习计划？这些实习计划有什么特点？What internship plans does IBM offer to college students? What characteristics do these internship plans have?

_____

_____

_____

_____

3. IBM公司的哪些特点能够吸引高端人才？Which characteristics does IBM have to attract top talent?

_____

_____

_____

4. 员工在IBM公司能够得到怎样的发展？How can employees grow at IBM?

_____

_____

_____

八、讨论。Discussion.

1. 结合课文中几个人对企业文化的看法，谈谈你对企业文化的理解。如果你自己是老板，你想营造一种什么样的企业文化？Talk about your understanding of company culture based on the people's opinion on company culture in the text. If you were the boss, what kind of company culture would you like to create?

2. 你希望自己在哪家企业工作？这家企业有哪些方面吸引你？Which company do you want to work for? What is it about the company that attracts you?

第12单元
社会贡献

一、热身活动——比尔·盖茨和巴菲特都是知名的慈善家．他们创办了成功的企业并获得了巨大的财富，也与社会分享了他们的财富。如果你是一家小企业的老板，你会用哪些方法做慈善和公益事业呢？Warm-up—Bill Gates and Buffett are well-known philanthropists. The corporations they set up have made substantial fortunes and they share their wealth with society. If you were the boss of a small private company, what would you do to contribute to charity and encourage public welfare?

二、猜词游戏。Guess word.

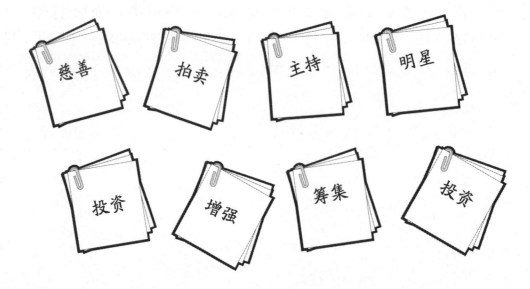

慈善　　拍卖　　主持　　明星

投资　　增强　　筹集　　投资

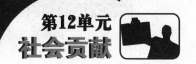

三、看图猜词。Guess words by looking at pictures.

四、词语搭配游戏。Word match.

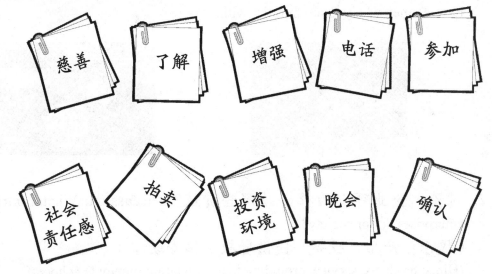

慈善　　了解　　增强　　电话　　参加

社会责任感　　拍卖　　投资环境　　晚会　　确认

五、小游戏。Game.
　　规则：学生分成两组，请学生用"我想＋句子"造句，哪组做的多哪组获胜。
　　　　　Students divided into two groups to make sentences with "我想＋Sentence". The group which makes more sentences wins.

　　　例：我想马力是个好学生。
　　　　　我想TCL的并购不是很成功。
　　　　　我想……

六、完成对话。Complete the dialogue.

A：你知道王炎和李明_____慈善拍卖会了吗？
B：是吗，很多人_____吗？
A：是啊，很多明星都参加了，比如梁伟、刘玲、范冰、赵阳。
B：啊，真的？那都_____了哪些东西呢？
A：中国书法、绘画还有一些工艺品，_____东西都非常_____。
B：拍卖会一定非常成功吧！
A：是的，这次拍卖的收入可以_____很多残疾的儿童。

七、口语练习。Oral practice.

1. 两人一组，向对方讲述你知道的有名的商界人物作出的社会贡献。
Work in pairs, and tell each other the social contributions made by the well-known businessmen who you are familiar with.

2. 讨论：企业可以为社会做哪些贡献？Discussion: What contributions can enterprises do for society?
（提示：产品、服务、提供贷款、捐资助学）
(Hints: products, service, prouiding loans, donating money to schools)

课后练习

一、听录音，回答问题。Listen to the recording and answer the questions.

1. 这段录音内容是关于什么的？What is this record about?

　　A. 贫困情况调查表　　　B. 拍卖活动计划　　　C. 慈善邀请信

2. 根据录音内容填空。Fill in the blanks according to what you've heard.

活动名称："温暖爱心"_____晚会

活动时间：12月_____日晚_____点到10点

活动地点：华美饭店_____号宴会厅

嘉　　宾：500名商务人士和_____

活动安排：晚宴和拍卖，拍卖品有名牌_____、名牌服装和_____

联系电话：8881_____

3. 这次活动的目的是什么？你对这些需要帮助的人了解多少？你觉得我们还可以怎样帮助这些人？What is the purpose of this activity? How much do you know about the needy people? What else can we do to help others in your opinion?

二、听录音，写拼音。Listen to the recording and write down the Pinyin.

贡献	慈善	拍卖	投资	筹集

责任感	书法	绘画	确认

三、连接词语和相应的意思。Match the following words with their meanings.

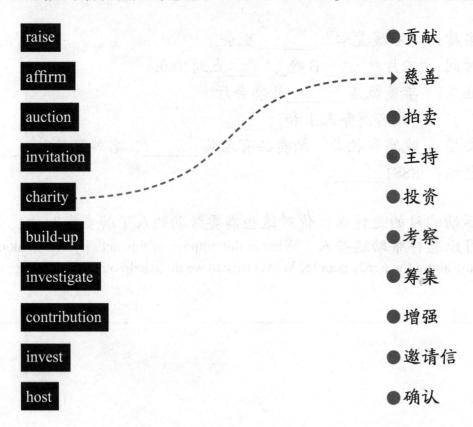

raise   ● 贡献

affirm   → 慈善

auction   ● 拍卖

invitation   ● 主持

charity   ● 投资

build-up   ● 考察

investigate   ● 筹集

contribution   ● 增强

invest   ● 邀请信

host   ● 确认

四、听录音，熟读下列句子。Listen to the recording and practice reading the following sentences until you can say them fluently.

1. 我们请了知名的拍卖师方先生主持拍卖。

2. 拍卖收入可以帮助中国西部地区的孩子完成中学的学习。

3. 这次活动可以增强学生的社会责任感。

4. 拍卖的收入可以帮助最少100个小学生完成6年的学习。

五、选词填空。Fill in the blanks with the words given.

1. 最少   最多
(1) 她在上海的个人演唱会的出场费_____100万，真是惊人。
(2) 43家基金管理公司可用于投资基金的固有资金_____不超过28亿元。

2. 举办   帮助   筹集   考察
(1) 著名钢琴表演艺术家高先生决定在9月份_____两场慈善表演。

(2) 咨询公司可以＿＿＿＿＿＿企业制定可行的投资计划。

(3) 公司上市可以＿＿＿＿＿＿到很多资金。

(4) 企业确认投资前，需要充分＿＿＿＿＿投资地点的经济发展和投资环境。

3. 增强　　增加

(1) 我们应该不断＿＿＿＿＿＿企业的竞争能力。

(2) 这个月我们公司的营业额＿＿＿＿＿＿了50万元。

4. 的　　得

(1) 为什么中国的电子商务发展＿＿＿＿＿＿很缓慢呢？

(2) 我们＿＿＿＿＿＿产品种类很多，可以满足消费者的不同需求。

六、连句子，组成对话。Make dialogues by matching the sentences on the right side to the ones on the left.

你们的慈善拍卖晚会准备得怎么样了？　　　　大概六月份吧，具体时间还没有确定。

北京饭店的宴会厅联系好了吗？　　　　　　　我们已经准备好了。

我们什么时候举办今年的慈善拍卖晚会？　　　放心，已经联系好了。

七、阅读短文，回答问题。Read the text and answer the questions.

99%的中国企业没有参与（cānyù, participate）慈善事业

目前，中国企业有1000万家，有过捐赠记录的不超过10万家，也就是说99%的企业没有参与慈善事业。

专家指出，在经济全球化时代，企业间的竞争已经从过去的设备、厂房等"硬件"，发展成为企业文化、社会责任等"软件"。一直以来，中国企业普遍存在重"硬"轻"软"的问题，已经影响了企业的可持续发展（kě chíxù fāzhǎn, sustainable growth）。

中国企业很少参与慈善事业的原因，首先是中国企业的慈善理念（lǐniàn, idea）不成熟，没有把慈善活动与企业发展结合起来。其次是中国的慈善体制（tǐzhì, system）不完善。按照中国的税法，企业捐款越

多，纳税越多。而在一些发达国家，政府对企业的慈善捐献给予免税待遇（dàiyù，treatment），以引导企业家更好地履行慈善责任。

未来5年，中国政府将全面落实（luòshí，carry out）企业和个人在慈善事业捐赠方面的税收优惠政策。这个积极的政策可以部分解决企业和个人参与慈善事业少的问题。

Resource from: http://news.sina.com.cn

99% de Zhōngguó qǐyè méiyǒu cānyù císhàn shìyè

Mùqián, Zhōngguó qǐyè yǒu 1000 wàn jiā, yǒu guò juānzèng jìlù de bù chāoguò shíwàn jiā, yě jiùshì shuō 99% de qǐyè méiyǒu cānyù císhàn shìyè.

Zhuānjiā zhǐchū, zài jīngjì quánqiúhuà shídài, qǐyè jiān de jìngzhēng yǐjīng cóng guòqù de shèbèi, chǎngfáng děng "yìngjiàn", fāzhǎn chéngwéi qǐyè wénhuà, shèhuì zérèn děng "ruǎnjiàn". Yìzhí yǐlái, Zhōngguó qǐyè pǔbiàn cúnzài zhòng "yìng" qīng "ruǎn" de wèntí, yǐjīng yǐngxiǎng le qǐyè de kě chíxù fāzhǎn.

Zhōngguó qǐyè hěn shǎo cānyù císhàn shìyè de yuányīn, shǒuxiān shì Zhōngguó qǐyè de císhàn lǐniàn bù chéngshú, méiyǒu bǎ císhàn huódòng yǔ qǐyè fāzhǎn jiéhé qǐlái. Qícì shì Zhōngguó de císhàn tǐzhì bù wánshàn. Ànzhào Zhōngguó de shuìfǎ, qǐyè juānkuǎn yuè duō, nàshuì yuè duō. Ér zài yìxiē fādá guójiā, zhèngfǔ duì qǐyè de císhàn juānxiàn jǐyǔ miǎnshuì dàiyù, yǐ yǐndǎo qǐyèjiā gèng hǎo de lǚxíng císhàn zérèn.

Wèilái 5 nián, Zhōngguó zhèngfǔ jiāng quánmiàn luòshí qǐyè hé gèrén zài císhàn shìyè juānzèng fāngmiàn de shuìshōu yōuhuì zhèngcè. Zhège jījí de zhèngcè kěyǐ bùfen jiějué qǐyè hé gèrén cānyù císhàn shìyè shǎo de wèntí.

1. 中国企业参与慈善事业的情况怎么样？ How is Chinese companies' participation in charity?

2. 企业间的竞争发生了什么变化？中国企业一直普遍存在什么问题？
What changes have taken place as far as the competition among companies is concerned? What problems do Chinese companies usually have?

3. 为什么中国企业很少参与慈善事业？Why do Chinese companies seldom take part in charity?

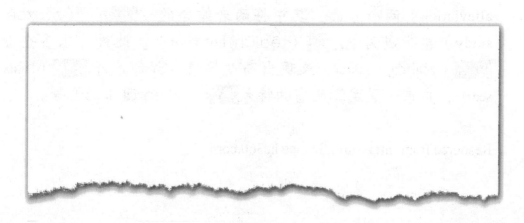

4. 中国政府准备怎样解决中国企业参与慈善事业少的问题？What is the Chinese government going to do regarding the problem that few Chinese companies participate in charity activities?

《福布斯》（Fúbùsī, Fobus）2006中国慈善榜

　　《福布斯》中文版于2006年5月8日上午发布了"2006中国慈善榜"，世纪金源投资集团董事长黄如论以1亿5800万人民币的捐赠额排名第一。

　　2006中国慈善榜显示，100家榜上有名的非国有企业在2005年度的捐赠总额超过8.4亿元，比2004年度有76.6%的显著增加。此外，跨国公司在中国日益活跃，捐赠力度不断加大。因此，今年跨国公司的慈善捐赠排名从以前的10家增加到了25家，汇丰银行以2278万元的捐赠总额再次高居榜首。

　　这是《福布斯》中文版连续第三次推出中国慈善榜。三年来已有超过1/3的中国企业连年登上中国慈善榜。慈善策略正成为中国企业的理性追求。慈善榜显示，企业的捐赠方向集中在教育和扶贫（fúpín, poverty alleviation）两个方面，其中将两者结合的"助学"（zhùxué, aid-loan in study）捐赠成为新热点（rèdiǎn, hot-spot）。此外，很多企业对突发性灾害（zāihài, disaster）表现出高度热情，如印度洋海啸（hǎixiào, ground sea），广东、黑龙江两省的特大洪灾（hóngzāi, flood）等。

Resource from: http://info.finance.hc360.com

"Fúbùsī" 2006 Zhōngguó císhàn bǎng

"Fúbùsī" Zhōngwén bǎn yú 2006 nián 5 yuè 8 rì shàngwǔ fābù le "2006 Zhōngguó císhàn bǎng, Shìjìjīnyuán Tóuzī Jítuán dǒngshìzhǎng Huáng Rúlún yǐ 1 yì 5800 wàn rénmínbì de juānzèng'é páimíng dìyī.

2006 Zhōngguó císhàn bǎng xiǎnshì, 100 jiā bǎngshàng yǒumíng de fēi guóyǒu qǐyè zài 2005 niándù de juānzèng zǒng'é chāoguò 8.4 yì yuán, bǐ 2004 niándù yǒu 76.6% de xiǎnzhù zēngjiā. Cǐwài, kuàguó gōngsī zài Zhōngguó rìyì huóyuè, juānzèng lìdù búduàn jiādà. Yīncǐ, jīnnián kuàguó gōngsī de císhàn juānzèng páimíng cóng yǐqián de 10 jiā zēngjiā dào le 25 jiā, Huìfēng Yínháng yǐ 2278 wàn yuán de juānzèng zǒng'é zàicǐ gāo jū bǎngshǒu.

Zhè shì "Fúbùsī" Zhōngwén bǎn liánxù dìsān cì tuīchū Zhōngguó císhàn bǎng. Sān niánlái yǐ yǒu chāoguò 1/3 de Zhōngguó qǐyè liánnián dēngshàng Zhōngguó císhàn bǎng. Císhàn cèlüè zhèng chéngwéi Zhōngguó qǐyè de lǐxìng zhuīqiú. Císhàn bǎng xiǎnshì, qǐyè de juānzèng fāngxiàng jízhōng zài jiàoyù hé fúpín liǎng ge fāngmiàn, qízhōng jiāng liǎngzhě jiéhé de "zhùxué" juānzèng chéngwéi xīn rèdiǎn. Cǐwài, hěnduō qǐyè duì tūfāxìng zāihài biǎoxiàn chū gāodù rèqíng, rú Yìndùyáng hǎixiào, Guǎngdōng, Hēilóngjiāng liǎng shěng de tè dà hóngzāi děng.

1. 在"2006中国慈善榜"上排名第一的慈善家和跨国公司分别是谁？
Who are the philanthropists and multinational corporations who took the first place in the "China Charity List 2006" respectively?

_____

_____

_____

2. 从"2006中国慈善榜"可以看出，和以前相比，中国企业和跨国企业的表现有什么变化？From the "China Charity List 2006", what are the changes in the Chinese enterprises and multinational corportations compared with the past?

_____

_____

_____

3. 中国企业的捐赠方向集中在哪些方面？Chinese enterprises focus on what aspect of charity?

_____

_____

_____

八、实践时间。Practice time.

1. 你是某公司的经理，现在为中国的一个水灾灾区捐款，请你写一封慰问信。Suppose you are the manager of a company, and you want to donate money to a flooded area in China. Please write a letter of sympathy.

2. 在国外，多数大企业认为慈善事业是一项有利于股东的企业行为，把它作为企业战略中一个重要的组成部分。而中国很多企业还没有这种意识，或者认为把慈善作为企业战略还不是时机，甚至多数企业认为目前设立专门的慈善机构不太现实。请根据你所学内容，设计一次企业慈善事业宣传活动，增强该企业的慈善意识。Many big companies regard charity as an enterprise behavior that is good for shareholders, and they also regard it as an important part of corporate strategy. However many companies in China haven't realized this, or they don't think it is the right time to regard charity as a corporate strategy. Many companies even think it's surreal to set up a charity institution at present. Based on what you've learned, plan a company charity promotion activity in order to raise the company's charity consciousness.

参考答案

第1单元　初次见面

课堂活动

三、交流经验　　商务人士　　非常感谢　　参加会议　　介绍自己/经验　　交换名片

五、1. 去酒吧　　去长城　　去商店

2. 睡觉　　在教室看书　　在家看电影/电视

课后练习

一、1. (1) ✗　　(2) ✓　　(3) ✗　　(4) ✓

2. 在王总的公司。因为王总表示欢迎对方的到来，并说"到楼上谈"。

录音文本：

林杰：王总，您好！我是鹏达公司的市场部经理，我叫林杰。

王总：你好！很高兴认识你。

林杰：这是我的名片，请您多指教！

王总：彼此彼此。

林杰：这位是李强，我们公司广告部的主管。

王强：王总您好！这是我的名片，请多指教。

王总：你好！非常欢迎你们的到来！我们到楼上谈吧。

二、初次 (chūcì)　　　　　职位 (zhíwèi)　　　　　记者 (jìzhě)　　店长 (diànzhǎng)

工程师 (gōngchéngshī)　　商务人士 (shāngwù rénshì)　　交流 (jiāoliú)　　经理 (jīnglǐ)

广告部 (guǎnggàobù)　　　人力资源 (rénlì zīyuán)

三、财务主管　　　　　　　　finance manager

店长　　　　　　　　　　　store manager

广告部经理　　　　　　　　advertising department manager

人力资源部经理　　　　　　human resource manager

培训师	trainer
记者	journalist
工程师	engineer
股票分析师	stock analyst

五、我是从日本来的三道明，请多关照。　　　　好的，谢谢。

很高兴认识你，我在人力资源部。　　　　我是从西班牙来的李客，请多关照。

有什么要帮忙的，尽管告诉我。　　　　我也很高兴认识你，我在财务部。

第2单元　工作团队

课堂活动

三、开发产品　　负责工作/营销　　市场工作/营销　　录用员工　　申请职位/工作

五、1. 负责　　您好　　销售部

2. 从　　毕业　　在　　电脑公司　　申请　　因为　　工作经验

课后练习

一、1. C

2. 1995　2001　5　市场开发　服装　4　经理

3. B

录音文本：

　　　　各位上午好！我叫许小峰。我1995年从中国人民大学毕业。之后，我在一家进出口公司工作了5年，主要负责市场开发工作。我在2001年成为清华大学的MBA。从2002年开始，我在一家服装公司工作了4年，主要负责产品销售。今天我来申请市场营销部经理的职位。因为我已经有了差不多10年的市场营销经验，我要求年薪20万元。如果我被录用，可以马上开始工作。

二、员工 (yuángōng)　　负责 (fùzé)　　营销 (yíngxiāo)　　管理 (guǎnlǐ)

产品 (chǎnpǐn)　　申请 (shēnqǐng)　　市场 (shìchǎng)　　销售 (xiāoshòu)

三、

团队	team
研发	research & development
员工	staff
生产	produce
录用	hire
负责	take charge
管理	administration
申请	apply
职位	position
产品	product
经营	manage
营销	marketing

五、1. (1) 如果　　(2) 就

2. (1) 能　　(2) 能/可以　　(3) 能

　能 refers to "capability", and 可以 refers to "possibility". 可以 doesn't often refer to being good at doing something, and it can't be put behind 很. 可以 and 愿意 are not collocations, but 能 and 愿意 are.

3. (1) 负责　　(2) 录用

六、请谈谈你的情况吧。

你为什么申请研发部经理职位?　　　　　　下个月就可以工作。

你什么时候能上班?　　　　　　　　　　我在一家广告公司工作了三年。

　　　　　　　　　　　　　　　　　　　　因为我有很多年的研发经验。

第3单元　日程安排

课堂活动

三、日程安排　　预订往返票　　学习企业文化　　组织培训/客户　　查（收）电子邮件

见客户　　了解客户/生产情况/企业文化

五、1.

9点	坐飞机到香港
10点	召开记者招待会
12点	吃午饭
15点	参加会议

课后练习

一、1. C

2. 北京　　纽约　　今天晚上7点　　往返票

3. 因为下午3点的飞机没有公务舱的机票了。

录音文本:

　　航空预订:您好,美国西北航空公司机票预订处。

　　公司秘书:您好。还有今天下午3点北京到纽约的机票吗? 要公务舱的。

　　航空预订:很抱歉,下午的飞机已经没有公务舱的票了。但晚上7点的飞机还有。

　　公司秘书:太好了。就订7点的。要3张。

　　航空预订:抱歉,公务舱只有2张了。

　　公司秘书:那就2张公务舱,1张经济舱。

　　航空预订:好的。那您订单程票还是往返票?

　　公司秘书:都订往返票。谢谢。

二、销售 (xiāoshòu)　　生产 (shēngchǎn)　　上午 (shàngwǔ)　　商务 (shāngwù)　　安排 (ānpái)

车间 (chējiān)　　预订 (yùdìng)　　邮件 (yóujiàn)　　客户 (kèhù)

三、日程　　　　　　　　　　　　schedule

安排　　　　　　　　　　　　arrangement

预订	book
企业文化	corporate culture
工厂	factory
沟通	communicate
客户	customer
总结	summary
公务舱	business class
经济舱	economy class
往返票	round-trip ticket
查	check
车间	workshop (in a factory)

五、1. (1) 每天/经常/一般/有时候　(2) 经常/一般，有时候　(3) 一般/经常，然后　(4) 每月

2. (1) 预订　(2) 沟通　(3) 查　(4) 安排　(5) 组织　(6) 参观

3. (1) 给　(2) 在　(3) 与/和　(4) 与/给/和　(5) 和

与 is usually used in written language rather than spoken language, but 和 can be used in both written and spoken language.

六、1. (1) 参观　(2) 参加

参观 means "visit". It is followed by a location. 参加 mean "take part in", which is often followed by an activity.

2. (1) 吗　(2) 呢

The answer to 吗 is YES or NO. 呢 is used in special question sentences.

七、您和其他经理怎么沟通呢?————————我们每天开一次沟通会。
您一般什么时候下班呢?　　　　　　　下午经常在生产车间。
你下午经常在哪儿?　　　　　　　　　6点左右吧。

第4单元　办公地点

课堂活动

五、1. 订购　送货　怎么找你们更容易一些　你到　就在　到楼下时
2. 几份　怎么找你们更容易一些　先　旁边　请问您的电话是多少　再给您

课后练习

一、2. 九点到十二点、一点到五点半去都可以；十二点到一点去不好，因为是午休时间。

录音文本：

秘书：你好，这里是飞虹公司孙总经理办公室。

田兴：你好。我是天马公司营销部的田兴，有几份文件要交给孙总和财务部的李经理。我现在在火车站。请问，怎么找到你们公司？

秘书：你向北走一会儿就会看到华美饭店。华美饭店的对面有一家医院。医院的旁边有一家中国银行。我们公司就在银行后面的大楼里。孙总办公室在5层501房间，财务部在3层305房间。

田兴：好的，我知道了。那你们的工作时间呢？

秘书：我们的工作时间是从上午九点到下午五点半。中午休息一个小时，从十二点到一点。

田兴：好的。非常感谢！一会儿见。

二、办公 (bàngōng)　　　　电梯 (diàntī)　　　　值班 (zhí bān)　　　　订购 (dìnggòu)
　　 送货 (sòng huò)　　　 家具 (jiājù)　　　　 牌子 (páizi)

三、
办公	handle official business
地点	location
层	floor, stairs
电梯	elevator, lift
指示图	map
牌子	sign
送货	deliver goods
家具	furniture
订购	order
值班	on duty
清洁	clean
责任	responsiblility
随时	at any moment

五、1. (1) 送货　　(2) 订购

2. (1) 一些　　(2) 一点儿

Both 一点儿 and 一些 refer to small quantity and uncertainty, additionally, 一点儿 can't represent the quantity of people and animals. As far as quantity is concerned, 一点 is fewer than 一些.

3. 负责　　需要

六、1. 第一句表示时间短。 第二句表示强调。The first sentence means that time is short. The second sentence means emphasis.

2. 第一句表示计划。第二句表示需要。The first sentence refers to a plan. The second sentence refers to a need.

七、怎么找你们更容易一些？　　　　　方正科技大楼在北京的西北边。
　　 你们公司在北京大学旁边吗？　　　没错，就在北京大学旁边。
　　 方正科技大楼在哪？　　　　　　 你到北京大学北门，我们公司就在对面。

第5单元　商务宴会

课堂活动

三、举办宴会　　参观画廊　　合作愉快　　价格合理　　做好准备

四、1. 在友谊宾馆/在郭林饭店/全聚德烤鸭店举办宴会。

宴会安排在友谊宾馆/郭林饭店/全聚德烤鸭店。

2. 罗宾是九月十六号来中国的。

金南珠是从韩国来的。

哈维尔是坐飞机来的。

这次宴会是在北京饭店举办的。

3. 太累了。

太忙了。

太棒了。

4. 崔凯和崔华一样高。

山姆和吉利一样胖。

刘英和王平一样漂亮。

六、1. 谢谢　　也很高兴和您合作

2. 今后的合作

七、跑得快　　踢得高　　合作得愉快　　写得好

课后练习

一、1. D

2. （这）周五　　7点　　画廊　　大饭店　　食品

3. 在饭店太正式，不随意。

录音文本：

李总：这次和飞虹公司合作得非常愉快。孙总认为我们的产品质量好，价格合理，所以又订购了2500件。

秘书：太好了，李总！

李总：你安排一个宴会。我想请孙总和他的同事一起吃晚饭，庆祝我们合作成功。

秘书：好的，李总。这次还是去中国大饭店吗？

李总：有更随意一些的地方吗？饭店的宴会厅太正式了。

秘书：我们可以去画廊。哦，中国大饭店附近有一家白石画廊，可以举办商务宴会。而且中国大饭店可以提供食品和服务。

李总：不错，就在那儿吧。时间可以定在这周五晚上7点。

秘书：好的。我这就打电话联系。

二、宴会 (yànhuì)　　饭店 (fàndiàn)　　合作 (hézuò)　　愉快 (yúkuài)　　同事 (tóngshì)

庆祝 (qìngzhù)　　成功 (chénggōng)　　质量 (zhìliàng)　　进口 (jìnkǒu)　　干杯 (gānbēi)

三、
宴会	banquet
干杯	cheers
举办	hold
合作	coorporate
画廊	gallery
合理	reasonable
质量	quality
庆祝	celebrate
同事	colleage
成功	success

| 愉快 | pleasant |
| 进口 | import |

五、1. (1) 要/想　　(2) 想　　(3) 要

Both 要 and 想 refer to the intention to do something. Therefore, both of them can be used in the fivst sentence. 要 also has the meaning of need, so the answer to the third sentence is 要. 想 also has the meaning of miss, so the anwer to the second sentence is 想. For example:

我要一杯咖啡。

我非常想你。

我明天要／想去长城。

2. (1) 都　　(2) 也

也 means that two things are the same, and it's usually used in the latter of the two sentences. Sometimes, the first sentence is omitted. For example:

你去燕京啤酒参观访问，我们也去。

都 refers to the whole, and it must be put after the object which it modifies. For example: 大家都同意。

3. (1) 因为　　(2) 为了/为　　(3) 为

Both 为了 and 为 refer to the purpose and motive of an action, and their usages are usually the same.

为 can mean 替 and 给，but 为了 can't. For example:

大卫为了／为学习汉语想了很多办法。

为了／为庆祝我们合作成功干杯!

他为妈妈买了一份很贵的生日礼物。

因为 refers to reason, and it's often used with 所以，and it answers the question of 为什么. For example:
因为海尔在美国建厂，所以引起了世界的关注。

六、1. 那 in the first sentence refers to people or things far away. 那 is often used at the beginning of a sentence such as the second sentence.

2. 和 in the first sentence is similar to "and", and it is similar to "with" in the second sentence.

七、明天晚上7点我在北外门口等您，好吗?　　　　　　　也为今后的合作，干杯!

很高兴和您合作。　　　　　　　　　　　　　　　我们也很高兴和您合作。

为了庆祝我们合作成功，干杯。　　　　　　　　好，那我们明天7点见。

第6单元　网上办公

课堂活动

三、投放广告　　提交信息　　提供服务/信息　　收发电子邮件　　听得清楚

五、1. 关上／关不上　　锁上／锁不上　　跟上／跟不上　　戴上／戴不上

2. 听得清楚／听得不清楚　　写得漂亮／写得不漂亮

七、订购　　能跟上吗　　一定能　　能到　　你们的销售　　货到北京以后　　我们再联系

课后练习

一、1. B

　　2. 影响力　　产品　　宣传　　电视　　速度　　低　　变化　　价格　　投放效果

录音文本：

　　男：今年公司计划投放网络广告。广告部已经开始和国内几家主要网站联系了。

　　女：这很好啊。网络改变着人们的生活，网络广告也拥有了越来越大的影响力。现在很多企业都选择用网络进行产品推广和企业宣传。

　　男：没错。而且，与电视广告、电台广告相比，网络广告速度更快，价格更低，变化更灵活。

　　女：不过，我听说最近网络广告的价格越来越高了。一些公司甚至已经不敢使用网络作为宣传手段了。

　　男：是啊，这个问题很麻烦。而且，还不知道网络广告的投放效果好不好。

　　女：看来，广告部还需要好好调查研究一下。

二、网络 (wǎngluò)　　　购物 (gòuwù)　　　网站 (wǎngzhàn)　　　折扣 (zhékòu)

　　信息 (xìnxī)　　　提交 (tíjiāo)　　　免费 (miǎnfèi)　　　联系 (liánxì)

三、

网络	network
网站	website
购物	shopping
简单	simple
折扣	discount
地址	address
联系	contact
提交	submit
免费	free
电子版	electronic edition
提供	provide
跟上	follow up

五、再　还

　　还 refers to the enlargement or increase of range and quantity. For example:

　　写上你的地址和电话，还要写上送货地址和付钱方法。

　　人们在《经济观察报》的网站上可以看到最新的新闻，还可以很容易地找到前几年的信息。

　　再 refers to a thing happened after another. For example:

　　货到北京以后，我再和你联系。

六、你们听得清楚吗？　————————　我们听得很清楚。

　　你们的生产能跟上吗？　　　　　这个星期四到。

　　新货什么时候能到北京？　　　　一定能跟上。

第7单元 市场营销

课堂活动

三、开设专卖店　　加大广告投入　　赞助体育比赛　　增加体育比赛/代理商/新产品/销售数量/广告投入
/专卖店　　推出新产品　　品牌代理商/专卖店

六、帮忙　　可以　　看过　　非常　　影响　　经常　　再次

课后练习

一、1. 影响力　　销售　　产品　　选择
　　2. 有个性的产品——《信报》
　　　　新产品——《北京晚报》
　　　　适合商务人士的产品——《北京青年报》、《新京报》
　　　　大众化产品——《京华时报》

录音文本:

　　　　我们的调查结果显示，北京市场的主要报纸是《北京晚报》、《京华时报》、《北京青年报》、
《新京报》和《信报》。选择一个有影响力的报纸，对产品的推广和销售，对企业在北京市场的发展
都非常重要。我们认为应该首选《京华时报》和《北京晚报》。但是，还需要根据企业和产品的情况
进行选择。《京华时报》的内容与消费者的生活关系密切，更适合大众化产品的宣传；《北京晚报》
适合推广新产品，对北京当地人的影响力比较大；《信报》的读者主要是年轻人和学生，适合推广有
特点、有个性的产品；《北京青年报》、《新京报》的读者主要是公司职员、企业经理等商务人士。

二、全家 (quánjiā)　　　比较 (bǐjiào)　　　汽车展 (qìchēzhǎn)　　　促销 (cùxiāo)

　　品牌 (pǐnpái)　　　代理商 (dàilǐshāng)　　　增加 (zēngjiā)　　　专卖店 (zhuānmàidiàn)

　　消费 (xiāofèi)　　　体育 (tǐyù)　　　影响 (yǐngxiǎng)　　　下降 (xiàjiàng)

三、
促销	sales promotion
影响	influence, affect
汽车展	automobile exhibition
代理商	agent
品牌	brand
数量	quantity
体育	sport
下降	reduce
专卖店	specialty shop
赞助	sponsor
增加	increase
消费	consumption

五、了　了　了　过

　　"Verb + 过" refers to something done in the past, and is often used in past tense; "Verb + 了" refers to
something which has been done; it can mean the past, the present, or the future. For example:

去年我来过中国。

明天我们参观了长城再去参观颐和园。

昨天我们参观了长城。

我们今天参观了长城。

"Verb +过" describes an action of the past, and "Verb ＋了" describes a present action. For example:

他当过班长。（现在不当了）

他当了班长了。（现在还当班长）

六、你每天会看什么广告?　——————电视上的广告。

广告对你的消费有影响吗?　　——————特别喜欢。

你喜欢耐克公司的广告吗?　——————没有太多的影响。

第8单元　财务管理

课堂活动

三、预算计划你们看过了吗　招聘　所以　也得增加　开发　增加　如果　日常管理费用

课后练习

一、1. 售后服务——没有变化

原材料——增加

日常管理——减少——4%

人力资源——没有变化

市场营销——增加——8%

技术研发——增加——5%

2. 网络广告　投入　专家　上涨　20

3. C

录音文本:

财务经理：李总，这是明年的预算计划，请您看一下。我们已经和别的部门都沟通过了，不知道您还有什么意见?

总 经 理：好的。主要增加了哪些费用?

财务经理：市场营销方面的费用增加了8%，因为要投放网络广告，所以加大了广告投入。而且有专家认为明年原材料价格会上涨，所以这方面的费用也不得不增加。

总 经 理：那其他费用呢?

财务经理：售后服务和人力资源方面的费用跟今年差不多。但我们想办法减少了4%的日常管理支出。

总 经 理：很好。我建议增加5%的技术研发费用。因为公司计划在明年推出20多种新产品。不知道研发部有什么意见?

财务经理：我明白了。我这就去找赵经理商量一下。

二、 收入 (shōurù)　　　　支出 (zhīchū)　　　　工资 (gōngzī)　　　　费用 (fèiyòng)

　　 原材料 (yuáncáiliào)　　利润 (lìrùn)　　　　售后服务 (shòuhòu fúwù)

　　 预算 (yùsuàn)　　　　　租金 (zūjīn)　　　　所得税 (suǒdéshuì)

三、 收入　　　　　　　　　　revenue

　　 工资　　　　　　　　　　salary

　　 费用　　　　　　　　　　cost

　　 招聘　　　　　　　　　　recruit

　　 预算　　　　　　　　　　budget

　　 净利润　　　　　　　　　net profit

　　 租金　　　　　　　　　　rent

　　 支出　　　　　　　　　　expenditure

　　 售后服务　　　　　　　　after sale service

　　 日常　　　　　　　　　　daily

　　 所得税　　　　　　　　　income tax

　　 开通　　　　　　　　　　open

　　 原材料　　　　　　　　　raw material

五、 增加　　招聘　　开通　　方便　　减少

七、 1. 从联想2001年到2004年的主要财务指标可以看出，联想在经历了1997年到2001年的高增长阶段后，
　　　　2001年是明显的转折点(turn)，此后各项财务指标的增长势头都明显平缓(placid)。

第9单元　商业咨询

课堂活动

三、 进入市场　　提供资金/方案/培训/职位/渠道　　销售方案/渠道　　带来资金/方案/利润

　　 解决方案　　担任职位　　举办培训

四、 1. 火车向北京开去。　　　　　　　　　　　王梅向河边跑/走去。

　　 2. 肯德基给我们带来了美味的食品/鸡肉。　　星巴克给我们带来了咖啡文化。

　　 3. 刘明已经睡觉了。　　　　　　飞机票已经买了。　　　　这家公司已经倒闭了。

五、 向　提供　进入　一些　更　因为　负责　提供　对　了解　优势　信心　本土

六、 2. 提示：现代企业造成高管人才流失的原因很多，但其中最关键最重要的因素，就是绩效考评与薪
　　　　酬设计不合理。绩效考核应体现员工的工作业绩、突出才能、发展潜力等方面。通过绩效考核可以充
　　　　分挖掘员工的潜力，提高他们对企业的认同感和责任感，使企业拥有不断创新的活力。薪酬制度设计
　　　　不仅应充分体现员工长期利益和短期激励的有效结合，而且能最终实现设计理念和实施运作，反映出
　　　　公司经营的总体绩效。

课后练习

一、1. (1) 管理　　信心
　　(2) 提供　　方案
　　(3) 放松　　面对

2. CD

录音文本：

　　企业管理咨询可以帮助员工提高信心、理解力和有效工作的能力。

　　第一，咨询师可以向咨询人提供建议。咨询师能对咨询人的问题进行分析，并设计行动方案。

　　第二，咨询能给员工带来安慰，给他们面对问题的勇气，让他们对正在进行的行动方案充满信心。而且咨询能让员工变得更加放松，帮助员工重新面对问题，并积极考虑解决方案。

　　第三，咨询能帮助企业高层领导和员工更好地沟通。咨询师的一个重要工作就是发现和公司政策有关的员工意见，并提供沟通渠道，向高级管理层作出解释。咨询师在也可以在和员工讨论相关问题的时候，帮助解释公司政策。

二、提供 (tí gōng)　　咨询 (zīxún)　　跨国公司 (kuàguó gōngsī)　　本土化 (běntǔhuà)
　　渠道 (qúdào)　　厂房 (chǎngfáng)　　法律 (fǎlǜ)　　合资 (hézī)

三、

商业	business
信心	confidence
跨国公司	multinational company
本土化	localization
厂房	factory building
渠道	channel
伙伴	partner
高级	senior
法律	law
担任	serve as
咨询	consulting
推荐	recommend
优势	advantage
合资	joint venture

五、1. (1) 对　　(2) 向

Similarity: 对 and 向 have the same meaning when they refer to the target of an action. For example:

　　他向/对我挥手。

Difference: 对 can refer to the treatment of people or things, and there are words denoting feelings or attitudes within the sentence. While 向 doesn't have this usage. For example:

　　他对我非常热情。

　　孙老师对我有很多意见。

向 represents the direction of an action, while 对 doesn't have this meaning. For example:

　　火车向北京开去。

　　他向北京外国语大学走去。

2. 优势　　劣势

六、明年的预算计划你看了吗？ —— 可以，但得和财务经理好好谈谈。

增加的这笔费用做什么呢？ —— 看过了，我觉得我们应该增加售后服务费。

我们可以减少日常管理费用吗？ —— 这笔钱用来开通800免费客户服务电话。

第10单元　战略管理

课堂活动

三、制定战略　　竞争对手　　应对挑战　　满足需求　　售后服务　　做广告　　知名品牌

五、欢迎　分析　因为　重视　制定　战略　生产　满足　和/跟　进入　战略　预测

课后练习

一、1. (1) B　　(2) B

2. (1) 对手的挑战　　竞争对手

(2) 重要的战略意义

(3) 接近

(4) 快　　销售收入　　100

录音文本：

女：你听说了吗？公司计划把中国地区的总部从香港迁到上海。

男：听说了。原来计划在明年4月份，后来改到今年10月份了。

女：公司的几个主要竞争对手都已经把总部迁到了中国内地的北京或上海。看来公司这么做是为了应对对手的挑战。

男：是啊。而且，总部的迁移对公司在中国市场发展有重要的战略意义，可以更好地接近中国内地市场。

女：没错。这几年，公司在中国内地市场的发展非常快，每年的销售收入都在增加。

男：听说公司还计划在今后几年里在中国内地再开100多家店。

二、战略 (zhànlüè)　　制定 (zhìdìng)　　规模 (guīmó)　　行业 (hángyè)　　竞争 (jìngzhēng)

分析 (fēnxī)　　预测 (yùcè)　　时尚 (shíshàng)　　多元 (duōyuán)

三、

预测	forecast
战略	strategy
规模	size
知名	famous
适应	adapt
多元	diverse
分析	analyze
行业	field
制定	plan
竞争对手	competitor
需求	need
满足	satisfy

五、1. (1) 预测　　(2) 制定　　(3) 了解　　(4) 满足　　(5) 做出

2. (1) 策略　　(2) 战略　　(3) 战略

战略 usually refers to an overall guiding policy, for example, 经济发展战略 (economic development strategy).

策略 refers to the ways or measures to achieve a certain strategic goal. For example, 我们要制定并运用正确的工作策略达到这个战略目的 (we must take correct measures to achieve this strategic goal).

3. (1) 设备　　(2) 设施

设备 usually refers to machinery used in factory operation, e.g. 生产设备、发电设备.

设施 usually refers to the public facilities owned by the state, e.g. 基础设施.

六、公司怎么了解各国消费者的需求呢？　　　　　　是的，公司现在只选择知名的运动员做广告。

为什么这家公司的产品越来越时尚？　　　　　　公司的员工来自40多个国家。

阿迪达斯公司改变了广告战略了吗？　　　　　　因为设计是品牌运动鞋重要的组成部分。

八、2.

年份	可口可乐广告语	树立品牌的过程
1979	可口可乐添欢笑	把饮料上升到有性格的精神层次，拉近商品与消费者的距离
1983	这就是可口可乐	表达了可口可乐精神的另一个层面——自信
1989	挡不住的感觉	阐明营销的战略，创造时尚——流行
2003	抓住这感觉	"挡不住的感觉"的强化和延伸
2004	要爽由自己	迎合了青年人的追求自我，勇于面对困难等个性化特征

第11单元　企业文化

课堂活动

三、组织客人/活动/员工/旅游　　提供机会/补助　　参加活动　　离开公司

增加补助　　激励员工　　接待客人

四、1. 李经理一加班就喝咖啡。

王明一下课就去酒吧。

金美丽一上街就买很多东西。

2. 除了（坐）火车，我们还可以坐飞机去。

到了北京以后，除了打电话，还可以给我发邮件。

巴西人除了爱踢足球，也爱玩网络游戏。

五、非常忙　一些　待遇　培训　一　就　环境　企业文化　推荐

课后练习

一、1. 四季——为客人提供个性化服务

　　　　　企业的最大财富是员工

希尔顿——相信客人是酒店的生命

　　　　　目标是最大可能地开发员工的潜力

香格里拉——企业发展的动力是客人的忠诚感

努力成为客人、员工的首选

录音文本:

四季、希尔顿、香格里拉都是世界著名的酒店集团。它们都有自己的企业文化。

四季酒店希望为客人提供个性化服务,努力满足客人的各种要求。他们认为企业最大的财富和成功的决定因素是公司的全体员工。

希尔顿认为客人是酒店的生命,为了让客人满意,他们不断地听取客人的意见。他们依靠员工来给客人提供优质服务,而且也努力为员工提供很好的福利。他们的目标是最大可能地开发员工的潜力,给每个员工提供发展机会。

香格里拉把获得客人的忠诚感作为事业发展的主要动力,并一直为客人提供优质服务。他们希望能够成为客人、人才和经营伙伴的首选。

二、理解 (lǐjiě)　　认同 (rèntóng)　　优秀 (yōuxiù)　　促进 (cùjìn)　　环境 (huánjìng)

　　福利 (fúlì)　　保险 (bǎoxiǎn)　　公益 (gōngyì)　　气氛 (qìfēn)　　社会 (shèhuì)

三、

理解	understand
精神	spirit
保险	insurance
福利	welfare
医疗	medical treatment
激励	inspire
公益	common wealth
关注	pay attention to
猎头公司	head-hunting company
社会	society
环境	environment
促进	accelerate
优秀	excellent

五、1. (1) 以前　　(2) 一直　　(3) 于是　　(4) 已经　　(5) 目前

　　2. (1) 关注　　(2) 促进　　(3) 联系　　(4) 提升　　(5) 影响

六、你的新工作怎么样?　　　　　　　　喜欢,我负责的工作多了,而且工作氛围也更轻松了。

　　你的收入跟以前比有什么变化?　　非常好。我很满意。

　　你喜欢你的工作环境和内容吗?　　收入比以前更高了,福利也很好。

第12单元　社会贡献

课堂活动

四、慈善拍卖 / 晚会　　　了解投资环境　　增强社会责任感　　电话确认　　参加晚会 /

拍卖
六、举办　参加　拍卖　所有的　精美　资助
课后练习
一、1. C

2. 2006　慈善　28　6　三　明星　手表　工艺品　4706

录音文本：

您好！

我们真诚地邀请您参加我们今年的"温暖爱心"慈善晚会。

为了帮助中西部的贫困母亲，我们决定举办"温暖爱心"慈善晚会。届时将有500名知名商务人士和明星出席。当晚的活动包括晚宴和拍卖。拍卖品包括名牌手表、工艺品和名牌服装等。所有拍卖所得将全部捐给这些贫困母亲。

晚会时间是12月28日晚6点至10点，晚会地点在华美饭店三号宴会厅。我们希望在12月10日前得到您的确切回复。

如果您想了解更多的情况，请随时与我们联系。我们的电话是88814706。

我们期待与您共同度过一个难忘而有意义的夜晚！

二、贡献 (gòngxiàn)　　慈善 (císhàn)　　拍卖 (pāimài)　　投资 (tóuzī)　　筹集 (chóují)
责任感 (zérèngǎn)　　书法 (shūfǎ)　　绘画 (huìhuà)　　确认 (quèrèn)

三、贡献　　　　　　　　　　contribution

慈善　　　　　　　　　　charity

拍卖　　　　　　　　　　auction

主持　　　　　　　　　　host

投资　　　　　　　　　　invest

考察　　　　　　　　　　investigate

筹集　　　　　　　　　　invest

增强　　　　　　　　　　build-up

邀请信　　　　　　　　　invitation

确认　　　　　　　　　　affirm

五、1. (1) 最少　(2) 最多

2. (1) 举办　(2) 帮助　(3) 筹集　(4) 考察

3. (1) 增强　(2) 增加

增强 can refer to "strengthen, boost", while 增加 refers to the increase of numbers.

4. (1) 得　(2) 的

Often times, 的 is followed by a noun, and 得 is followed by an adjective or an adverb.

六、你们的慈善拍卖晚会准备得怎么样了？　　　大概六月份吧，具体时间还没有确定。
北京饭店的宴会厅联系好了吗？　　　　　　我们已经准备好了。
我们什么时候举办今年的慈善拍卖晚会？　　放心，已经联系好了。

郑 重 声 明

图书在版编目（CIP）数据

体验汉语（商务篇）练习册/李青，高莹，李扬编 . —北京：高等教育
出版社，2007.11（2017.2）
ISBN 978—7—04—022829—8

Ⅰ . 体…　Ⅱ . ①李…②高…③李…　Ⅲ . 汉语—对外汉语教学—习题
Ⅳ . H195.4

中国版本图书馆 CIP 数据核字（2007）第 168901 号

出版发行	高等教育出版社		咨询电话	400—810—0598
社　　址	北京市西城区德外大街 4 号		网　　址	http://www.hep.edu.cn
邮政编码	100120			http://www.hep.com.cn
印　　刷	北京新华印刷有限公司		网上订购	http://www.landraco.com
				http://www.landraco.com.cn
开　　本	889×1194　1/16			
印　　张	10.75			
字　　数	270 000		版　　次	2007 年 11 月第 1 版
购书热线	010—58581118		印　　次	2017 年 2 月第 4 次印刷

如有印装等质量问题，请到所购图书销售部门调换。
版权所有　侵权必究

物 料 号　22829—00

ISBN 978—7—04—022829—8
02800